Yangtze River

Bridge

长江·桥

杜胜熙　赵妮娜　米金生 著+李斌斌 绘

生活·讀書·新知 三联书店

钢铁编织的百变线条

以千米延伸的力量

桥，被默认的生活地标，空白的文本和视觉。

那些身影，那些细节，那些静默……

Yangtze River

长江　这是中国版图上最为漫长又那么浪漫的河流

Bridge

桥　以“世界之最”为前缀的大桥集中地出现在长江上

Detail

细节　在快速通过中我们失掉了桥的细节

长江·桥·细节

Yangtze River

Bridge Detail

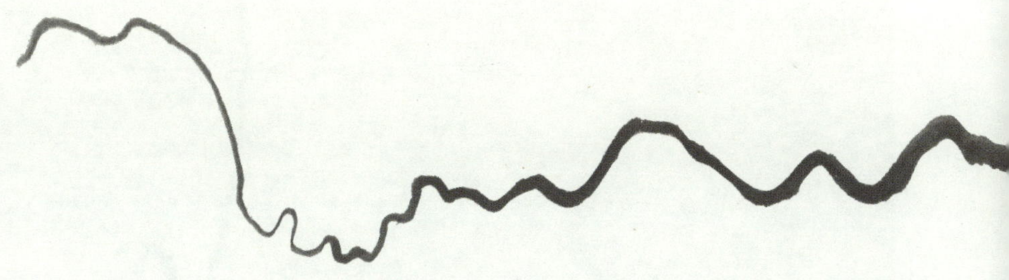

水边：

依水而居的生活。

长江：

源于唐古拉山，于上海入东海。

桥：

架在水道上或空中利于通行的建筑物。

长江大桥：

从上海至宜宾江段上已有79座长江大桥，

长江素描线条

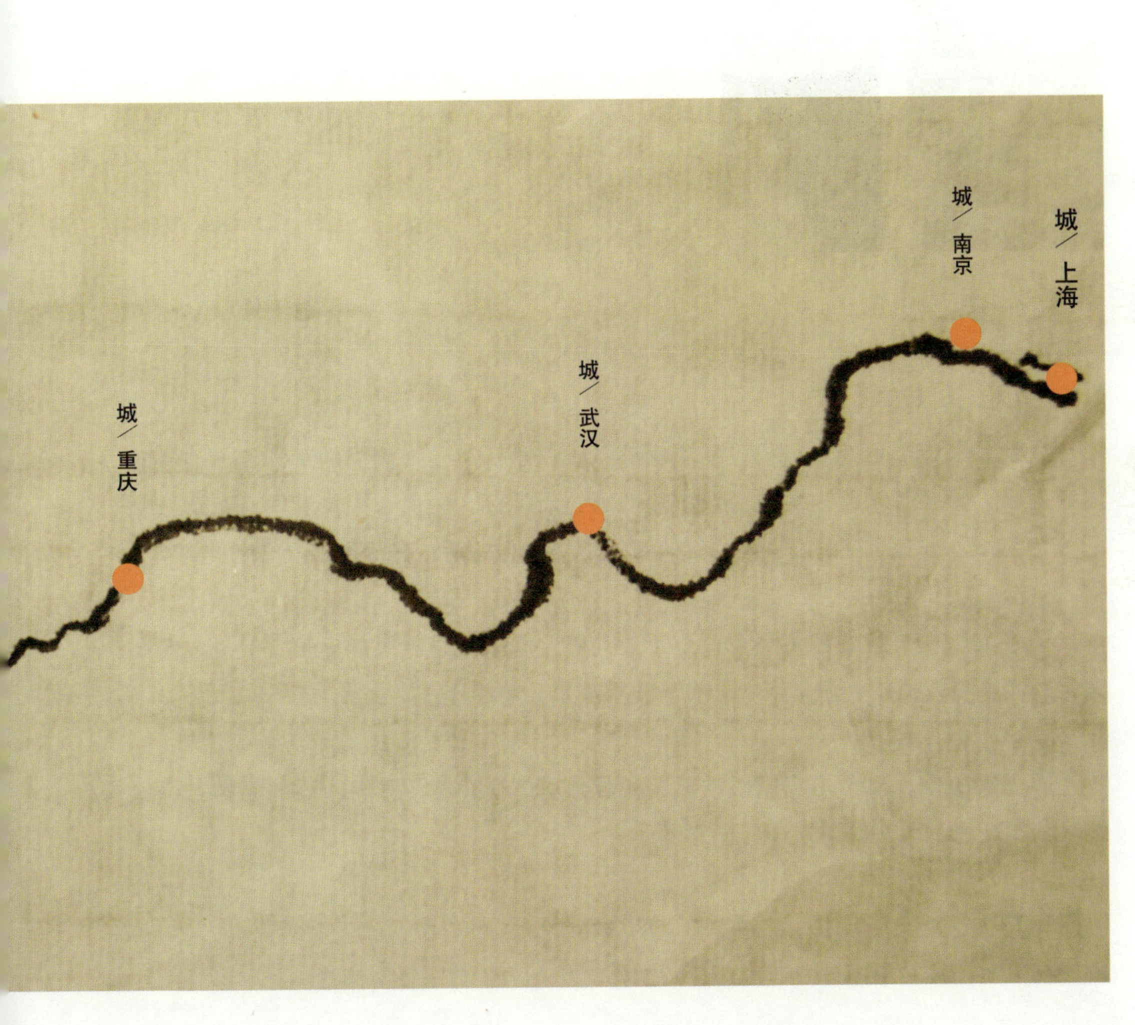
城/重庆
城/武汉
城/南京
城/上海

FOREWORDS

前 言

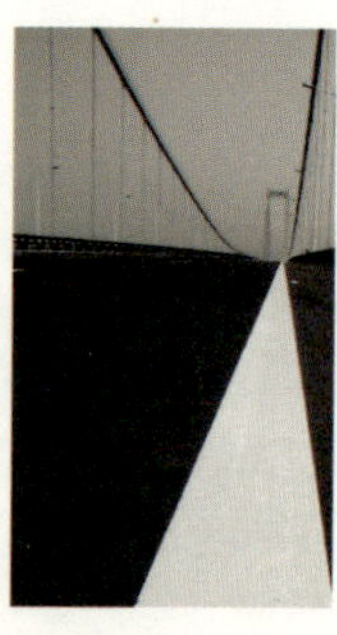

所有场景皆有细节。
在每一个结构物里，莫能例外。

时时在眼前的物品，在视觉中常常地失去了细节。

大型公共交通建筑——桥，从“夜泊枫桥霜满天”、“卢沟桥的狮子数不清”的情致走来，一面越来越多地成为城市和地区的新地标，一面在大众那里又常常只剩下一个名称——在通过的那一刻，知道那是那个有名的桥，其他的，没有了。

桥作为历史久远的建筑品类，与摩天大楼比起来，是绝对的兄长，但是在大众文化的文本和视觉中，还是空白，安静的桥被长久地冷落。

而今天的桥，已不是我们惯常记忆和概念里的桥，桥的形象、桥的品类、桥的建筑艺术在近二十年的发展中已概念全新。

我们身处的这个国家，已是世界上的建桥大国，世界桥梁建设上的许多“之最”出现在中国，又在中国被快速刷新。桥，已绝对是中国建筑业的骄傲。

但是，我们更愿意把桥作为一种生活物品而非建筑业绩去靠近和关注。

我们所关注的重点是“现代桥梁”，这是桥梁界更多的时候从材料上的一个界定，在中国众多的桥里，这个分界点是武汉长江大桥。

长江是中国现代大桥的画框。

身为中国的第一长河，这条自西而东的河流务实又浪漫，上千年间，两岸的稻香温饱了大半个中国，到今天它串起了重庆、武汉、南京、上海形成振幅强大的国家经济活力线。人们在这条线上修建了许多大桥，中国现代大桥的代表集中出现在长江上。对中国现代桥的理解和审美，也必然地由长江开始。

寻找长江上典型的大桥，关注于桥的细节。但是，我们已经很难在桥上停留。

常常越是大型桥梁、越是有名的桥，越是封闭的桥梁，它们只接受汽车的轮子，拒绝拥抱人的双脚，坐着汽车在桥上向前时，人们已失去细细感受那些巨大桥梁的机会。于是，每一次靠近因为有难度而变得珍惜。

以重庆、武汉、南京、上海为城市单元，我们注视和感受那些已经建成和正在兴建的长江大桥。从桥的建设秘密开始，看那桥身的一个细节、桥和船的相依、桥和周边风景的携手，也在大桥建设的工地看到桥的真实出生，在陌生和震撼中发掘桥的DNA，感受到原生态的工业美。

相信所有的场景皆有细节之美，但需要靠近、心静、体会，最终，让那些寻常的场景和事实得以保存。这一次，主角是桥。

CONTENTS

目　录

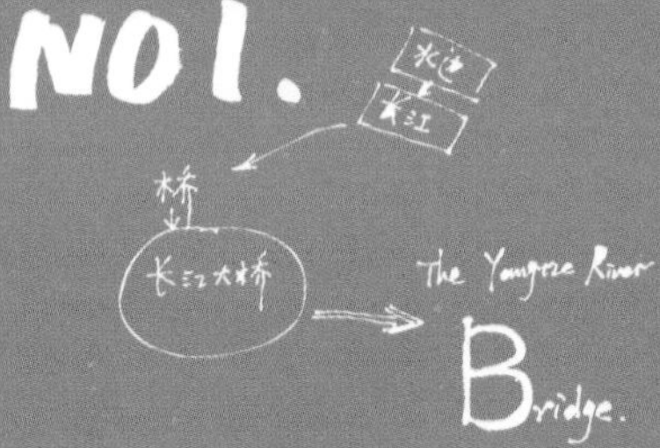
NO1.
长江
桥
长江大桥
The Yangtze River
Bridge.

NO1. 画框

水边，长江，桥，长江大桥

水 边

我们择水而居才有了“窈窕淑女，君子好逑”的生活和浪漫，
中国古诗词中有多少此类的信息。

水是生命中不可或缺的最重要的物质，自然成为最重要的中国字之一。在甲骨文中早早出现的“水”字，是水汇聚后在大地上的影像，中间是大河道，两边是小河道。水流缓缓，平坦肥沃的滩涂出现，我们的先人在这里停下脚步。

生存离不开水，好的生活更需要水，人类的故事从水边开始。《诗经》的第一首诗吟唱说：“关关雎鸠，在河之洲。”我们在江河之畔居住下来之后，才有了“窈窕淑女，君子好逑”的生活和浪漫。回想一下，中国古诗词中，有多少择水而居的信息。

现代，外出野营时，人们会尽可能地在河边扎起住宿的帐篷，这其中有野外生存的科学性，也隐含了人类一种天生的本能，在我们的基因里，亲水染色体悄然存在。

“择水而居”成就了人类，人类的生存和发展与水有着如此深远的渊源。底格里斯河和幼发拉底河孕育了古巴比伦文明，尼罗河孕育了古埃及文明，恒河孕育了印度文明，长江和黄河成就了华夏文明，这些灿烂的历史文明因水而发祥。年轻的现代工业文明依然离不开水的滋养，莱茵河是西欧工业文明的血液，美利坚也围绕五大河而蓬勃发展。

我们并称黄河和长江为母亲河，数千年文明史中，中国都在这两条河的怀抱里。江山流转，多少英雄人物，或依长江，或图黄河。那数不清的黎民百姓，也都是水的子民。

19世纪前的数千年时间里，皇权更迭，这片土地上国家的中心之地，离黄河比离长江更近一些。19世纪后，黄河又被浸染上革命气息，于是尽管长江在世界上仅次于南美洲的亚马孙河和非洲的尼罗河，是亚洲第一长河、世界第三大河，但是在中国人的感情空间里，黄河似乎要比长江更有地位和抢眼。

高原腹地的一汪水在中国的国土上绵延出由西而东漫长水域，现代中国依着这一脉水，自自然然地形成了经济活跃带，长江流域的故事带着这个国家和民族过去、现在、未来的强烈印记。

一百七十万年前元谋人在这个区域开始生活，青藏、巴蜀、荆楚、吴越文化依次展开，在长江水边六千多公里的地理跨越线上，不仅仅是山水田野、险滩峻岭、风景如画，更为生动的是长江流域上近四亿人的生活场景。长江，水边，有一幅最为庞大的中华生活画卷。

长 江

“扬子江”是长江的最后一个别名，这个别名至今在国外的一些出版物中仍被作为长江的正名使用。

中国版图上一条浪漫的线

2001年，刘少创完成了一件让人关注的工作。由这位中国科学院遥感应用研究所的专家带领的课题小组，利用由美国地球资源卫星拍摄的近四十幅覆盖长江干流的卫星影像，测量长江长度为6211.31公里。

这个精确到了小数点后两位的结果由央视向全国播报，但是对中国第一长河，关于它的长度直到今天仍有着众多不同的数据：5500公里、5800公里、6407公里……这些数据出现于不同时期和地方的官方文件里，似乎都具有相当的权威性。具体事物的数字其实永远不可能精确，但可以确定的是，长江是中国最长的河流。

长江年入海水量近1万亿立方米，是黄河的20倍左右，占我国所有江河年入海总量的1/3以上。在任何版本的中国地图上，自西而东那条横贯中国腹部的线条是不容忽视的参照系。从青藏高原出发，长江干流流经青、藏、滇、川、渝、鄂、湘、赣、皖、苏、沪11个省、市、自治区，流域面积达180万平方公里，约占我国总面积的1/5。

尽管在中国历史上多以黄河流域为政治中心，但是长江流域一直是中国最主要的农业区，为国家提供经济支持特别是粮食方面的支持。长江流域的粮食通过大运河运往北方的历史，一直延续至近代。现在，长江流域近4亿亩良田产粮几乎占全

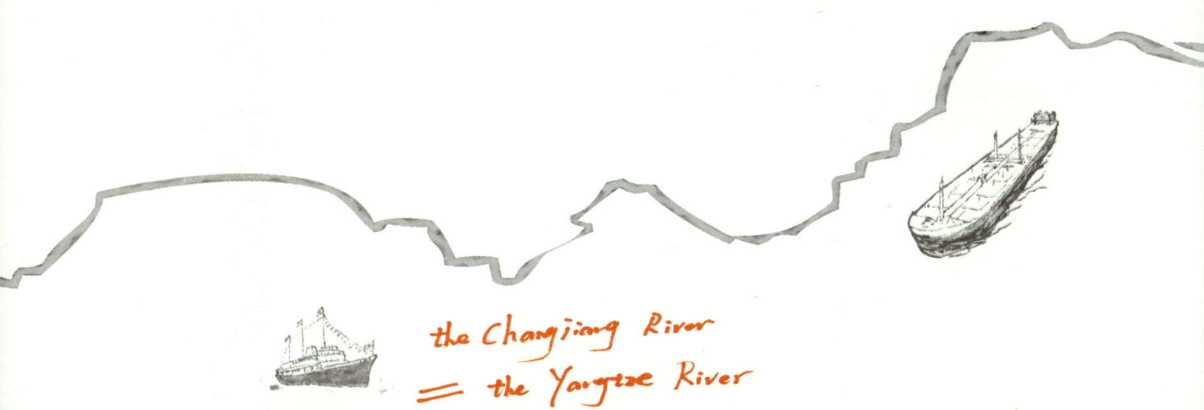

国的一半，其中水稻达总量的 70%。

上海、南京、武汉、重庆是依江而建，更显现出这江的千古力量。而长江流域已是中国经济发展的核心区域。

可能是因为长江的长度，在不同流域长江有着不同的名字，在相当长的时间里，宜宾以下才称为长江。我们习惯通称的“长江”应该是一个总称，这是长江的独特之处，很少有河流有这样的特权。

面对这条重要的河，我们既愿意尊重不同区段的名称，但更愿意从源头就称之为长江。

源于唐古拉山脉主峰各拉丹冬西南侧的长江源头到底在什么位置，专家有不同的意见，当地的牧民也有自己的见解。最好的理解或许是，源头不是一个点而是一个面。这里是高原的腹心，空气稀薄，雪山、冰川、沼泽相连，源头水若隐若现连成一片，像是在高原上平铺着一样。

2002 年我第一次看到长江源头时，正是 8 月的一个黄昏。高原平整得像一块绿色地毯，地毯上放着几条“哈达”——当地人告诉我，那是刚刚出生的长江。因为是黄昏，西去的太阳产生逆光看不到草地的绿色，却让水反射出银光，水和地面依偎

在一起，保持一致地平铺向前，没有标准意义的河道，只有银子一样的液体散落和舒展，几乎看不到流动。

此后称为“沱沱河”的长江距此358公里，在草地上以一种散淡和适意的姿态向前，和高原民族的气质完全相同。

之后的河水称为通天河，从当曲河口至青海省玉树县巴塘河口，全长813公里。因为河道较宽，水流舒缓。从高原下降的水，这时依然还保留着一些高原的气息。过了玉树，有了一个美丽的名字：“丽水”，也称为金沙江。

丽水并不温柔。它由北向西南流经横断山脉，江水多数时是从山岭和山岭形成的“V”形峡谷中通过，山高谷深，河水湍急，气势汹涌。石鼓附近著名的虎跳峡，最窄处仅30米。

金沙江的邻居是怒江、澜沧江，它们相互之间距离最近处仅70多公里，三条江几乎平行南流，这就是著名的“三江并流”。金沙江穿过云贵高原北侧，流到四川省宜宾市。当它和北面流来的岷江在宜宾汇合之后，被称为长江。

如果去掉感情色彩，从地理学的角度，自宜宾以下称长江是准确的。因为在很长的时间里，语言定义中的长江的确是指从宜宾开始到入海口的一段，当寻源热开始后，上游才被真正纳入长江的范畴。

宜宾之后，因流经的是四川境内，长江有了另一个俗称是“川江”。长江的脾气也日渐增大。如果说金沙江的奔腾是长江走过童年后的少年逆反期，此刻的长江则

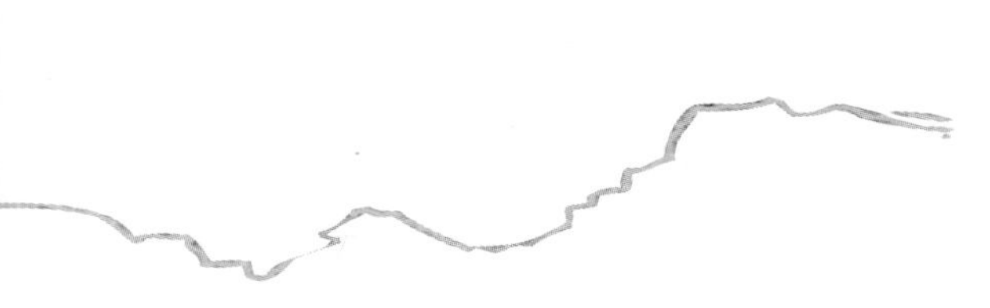

是典型的青年期的血气方刚了。从宜宾到重庆间，多曲折，之后在奉节一带，旅游船上的导游用标准语言生硬地背诵：自西至东有瞿塘峡、巫峡、西陵峡，统称三峡，全长 204 公里，滩多流急，江水落差甚大，自古称为长江天险……

长江流经大山峡谷、重重丘陵后，在湖北省枝城第一次进入了平原。因流经的是古荆州地区，此段又称为荆江。接着，长江在流经九江时，因九江市古称浔阳，被称浔阳江。流经江苏省镇江、扬州一带时，又称扬子江。

“扬子江”是长江最后一段的别名。20 世纪初，集中在中国江浙一带活动的西方人士，被当地人用当地的叫法告知，眼前那条水域广阔的河流是扬子江，于是这长江的地段名称，百年后在英文里还在被当作长江的真正名称使用。

人们已经习惯将长江分为三段：湖北宜昌以上为长江上游，宜昌至江西湖口为长江中游，从湖口至入海口（崇明岛）为下游。下游长约 1850 公里，江水因为落差几乎没有了，在平原上缓慢向东流淌。长江的平和大气这时候全有了，江面宽阔，常常超过 2 公里，最窄处也有 650 米，加上三角洲地带的富庶，母亲河的感觉在这里得到集中体现。

自古长江的水上交通可以自豪，两岸的交通却是另一种滋味，许多年里“天险”这个词和长江搭配使用，这个用词里有敬畏，也有对长江架桥的企盼。

桥

**桥的象征意义在东西方文化中少见的一致，
桥的跨越和沟通正是未来世界最珍贵的精神。**

情感和图像

桥是一个千年万年的企盼。

2009年3月，我要去上海崇明岛。夜晚从浦东机场降落，接我的车在上海深夜无人的街道上开了近一个小时赶到了宝山区，住在离码头很近的宝钢宾馆，为的是方便第二天一早去赶开往崇明岛的渡轮。

早晨6点就起床了，排队上轮渡，中间遇到了雾，轮渡缓慢，到达崇明岛时，已是下午1点了。黄昏时回，错过一班船，等了四个小时，才得以上船回到对岸。这一天中有超过十二个小时的时间，我们只是用来越过长江水，往返江中心的那个岛。

这时，深切体会了桥的功用，生活在水边的人有太多类似的体会。桥是因需而来的建筑，它在迫切中到来，对人的帮助简洁有力。那次轮渡移动一直如慢动作的老人，当地人告诉我们，如果有桥，也就是不到半小时的车程。

如果有桥……在水边，人们常常有这样的期盼，迫切地期盼，就像望穿秋水期盼对面的情人，就像那两千年前的喟叹：汉之广矣，不可泳思，江之广矣，不可方思。

择水而居，又要架桥跨河，人类就是这样在矛盾中前行。我们选择在河边生活，我们又不愿意被河流阻止，桥成为愿望的工具。

“我要建造留存永世的桥梁”，这是罗马时代的西班牙一座伟大桥梁阿尔坎塔拉桥上的碑文，碑文和桥都是大师卡尤斯·朱利叶斯·拉切尔的作品。当然，这句话可能也是奉当时的罗马皇帝多拉亚内斯的命令所写。不管怎么样，它道出了很多人的雄心和愿望：为世间建造永垂不朽的桥梁。

但我们或许忘记了记忆桥、欣赏桥。

小桥流水人家，是每个人心中温柔的思念，河桥残月苍天，可能往往一种是无法分享的自由体验。千百年来，桥可以让人自由的思念和体验生出万种风情。烟柳画桥的细腻，霸桥离别的销魂，断桥晓月的物我两忘，二十四桥的辞赋深情，只要你愿意作一个有情人，你可以慢慢书写，一如明人李龄在《广济桥赋》所说：游人歌而骚客吟，士女嬉而萧鼓唱。关于桥，人们已经书写了很多，诗文辞赋、写生写意、典故神话……

在东西方文化中，桥的象征意义少见的一致。桥是为了跨越阻隔以抵达广阔世界，建立预想的生活场景；桥是为了消除封闭和分裂，传递此岸和彼岸的情感和思考，让尘世的经营更加便捷；桥是一种平衡，是对两个相互距离和隔膜闲置于岁月的对手或情人的一个献身式的平衡……桥的跨越正是未来世界最珍贵的精神。

现代桥好像已经不适合这样的情怀。桥的功能性主导了一切，人们无心为一座花费数十亿元建造的桥梁留下诗赋弹唱的空间，人们似乎不需要桥头充满个性的雕梁画柱，人们似乎不需要关于桥的风月文字——桥的技术性主导了一切。

桥在很大程度上成为了工业化产品，可以生产组装，“时速100公里以内、相对固定的车道、目视前方小心驾驶”是使用方法。宏大的桥梁就是一个宏大的叙事，车流中的人只是篇章中的一个字，来到大桥的目的仅仅就是尽快到达对岸。

有人如此评论：在大多数立场坚定的建筑师看来，一个人在房屋里必须在东边就寝，在西边饮食和给他的母亲写信，这就是房间的构造，他别无选择。这是一种笛卡儿式的二元工具理性。现代桥梁也是如此。

因为我们在行走中过于匆匆而忘记了欣赏，因为我们太依赖媒介而忘了如何欣赏，还因为现代技术造就的宏大桥梁没有留给我们欣赏的空间。人们以技术延伸自己的躯体跨越了更为辽阔的时空，却不知不觉为技术所束缚、限制。因此，一种解构的态度或心情，或许有助于我们理解桥梁。

从上海到南京、武汉、重庆，我们沿着长江一路浮光掠影地欣赏那些宏大的桥梁，以注视者的心情解构。用相机的取镜框看大桥，用一种后现代的心情。海德格尔曾经描述了这种现象：世界图像……并非意指一种关于世界的图像，而是指世界被构想和把握为图像了。我们在这个读图时代，想努力找到属于大桥的图像。

客观者看来，桥梁自有它的万种风情，韵律、对称、宏大、婉转、流畅，可以

任人赞美；主观者看来，桥梁触动了我们心中存在的情感、顿悟、理性和神秘的秩序，所以我们觉得美。

技术史、工具史、材料史

从桥梁本身来说，人类依次选择木材、石材、钢筋混凝土、钢作为桥梁实现跨越的基础，这也是桥梁技术史的主要线索，也是人类使用工具的发展史。

对技术通俗直白的理解，就是为了实现一个目的，选用了什么材料和方法，材料利用率越高、方法合理性越高，则代表技术水平在所处时间段越高。

桥在周朝诗歌里已出现，那时的桥主要是梁桥和浮桥，即在河道不宽、水流不急的平缓地方，架木成桥，而在水面较宽、水流较急的河道上，用船为支持架浮桥。这里面有后人读着诗歌在字词中的推测，往事不得而知。

真正桥的建设在习惯上是指石桥的建设，以石料为主要材料建桥，使桥真正进入了工程的概念，这个时候，中国社会应该是进入了战国。在此之前，也有石桥，但是粗糙的堆叠不能称为建筑。当春秋战国时铁器出现后，对大自然中坚硬的石头的利用出现更多的可能，石质的桥墩在工匠的手里得以出现，石梁、石桥面也的确比木头的结实耐用，所以尽管制作麻烦依然成为首选。

在石桥的建设中，最富有技术含量的是放置石梁，被认可的最简单的方法有一个很文化的名称，称为“叠涩”。石的材质决定梁不能太长，十多米就是极限，梁不

空间层面：人，车，桥，船

能长则桥的跨度就很有限。“叠涩”就是在桥墩上一层一层向外延伸着放石梁，让桥墩间的横向距离变小，最后再放上去作为桥面的石梁，桥的跨度由此增大。“叠涩”被认为是中国桥建筑技术出现的第一个标志。有了“叠涩”，才有了拱，有了石拱桥，中国古代建桥史才真正地展开。

公认的概念是，东汉时，梁桥、浮桥、索桥和拱桥这四大基本桥型已全部形成。这也正是今天桥梁的基本划分。

长江流域的第一个建桥高峰出现在唐宋。东晋以后，由于大量贵族官宦南迁，王国的经济中心自黄河流域移往长江流域，使东南水网地区的经济得到大发展。作为当时世界上最为发达的国家，经济和技术成为基础和前提，桥梁在这一区域集中出现。

元、明、清三朝有安稳求平的心态，桥梁的发展在这一时期也是这样的气息，现在的专家评论认为这一时期的桥梁建设几乎没有什么大的创造和技术突破。不过在长江上游的川滇地区，兴建了不少索桥，索桥建造技术有所提高。此期间有一个内容值得载入中国建桥史，就是这一时期对一些古桥进行了修缮和改造，并留下了许多修建桥梁的施工说明文献，为后人提供了大量文字资料。建设外的这些辅助性的工作，同样显示了重要价值。

1887 年，中国人修建的第一条铁路唐胥铁路向西延伸时，在蓟运河上修建了长 173.72 米铁路钢桥。此桥直到今天仍在使用，应是中国历史最悠久的铁路钢桥。

之后，桥的风云故事中主角长期为铁路桥：如老京汉铁路上的郑州黄河铁路桥，1903 年由比利时工程公司承包建设，1906 年建成通车的大桥，全长 3015 米，建成时受世界建桥界关注，四十三年后中华人民共和国成立时它依然是国内最长的桥。到 1949 年，黄河上有郑州黄河铁桥、泺口黄河大桥和兰州的公路桥三座桥，均是由外国人设计、施工的桥梁。

新中国成立以前，长江上没有一座大桥，跨江只有通过轮渡，长江上交通不便已延绵数千年。

1957 年底，长江上建起了万里长江第一桥——武汉长江大桥，长江上，桥的故事才由此开始……

长江大桥

20 世纪的最后一个十年，世界桥梁建设的精彩集中于中国，集中在中国的长江上。

在对武汉长江大桥的盛赞中，“长江第一桥”说法的成立，必须有两个前提存在：这里的长江一定指的是宜宾以下的 2900 公里大江；桥一定指的是永久性的桥，且一定是大桥。

如果针对长江 6200 多公里的长度概念，武汉长江大桥“万里长江第一桥”的概念并不准确。公元 35 年（汉建武十一年）在宜昌下游设建的“江关浮桥”，是有史可考的长江上的第一座桥。公元 280 年，长江西陵峡上修建了第一座跨江铁悬索建筑。另有史料记载，公元 904 年（唐天祐元年），瞿塘峡也曾建有铁锁关浮桥。1853 年前后，太平军因军事需要而把武汉三镇连成一片，靠的是四座浮桥。也就是说在 1954 年前，长江上已有桥，只不过不是永久桥，而在岁月的流逝之中灰飞烟灭。

在长江的不同区段对桥梁的需求不同。在最上游的沱沱河和通天河，高原地带，人迹无踪。之后地形突变，横断山脉的万丈深谷中，河流落差很大，江水在崇山峻岭中裹着乱石奔腾咆哮。这一流域，出现了村落，但是人口密度小，对桥的需求相对降低。因江面小，即使建桥也不会有大桥。

人口数量、地理位置、江面宽度这些因素综合在一起，决定了永久性大桥要出现在宜宾以下。依次应主要集中于重庆、武汉、南京、上海等主要城市。

在长江上建桥的想法出现在不同时期的政府议程里，民国政府的三十三年中曾四次正式提出建设武汉长江大桥，这分别是1913年、1929年、1936年和1946年，1946年甚至成立了“武汉大桥筹备委员会”，组建了中国桥梁公司，桥梁专家茅以升被任命为总工程师，也进行了测绘工作和方案研究。

但十多年的战争已让这个国家衰弱不尽，一切理想皆付诸东流。

时间到了1957年，百废待兴，新中国迫切需要在长江上架起第一座永久性的大桥，这就是武汉长江大桥。之后是南京长江大桥，两座长江大桥带给国人的骄傲，五十年后依然能在许多中国人的感觉中找到，那是国家性的骄傲。

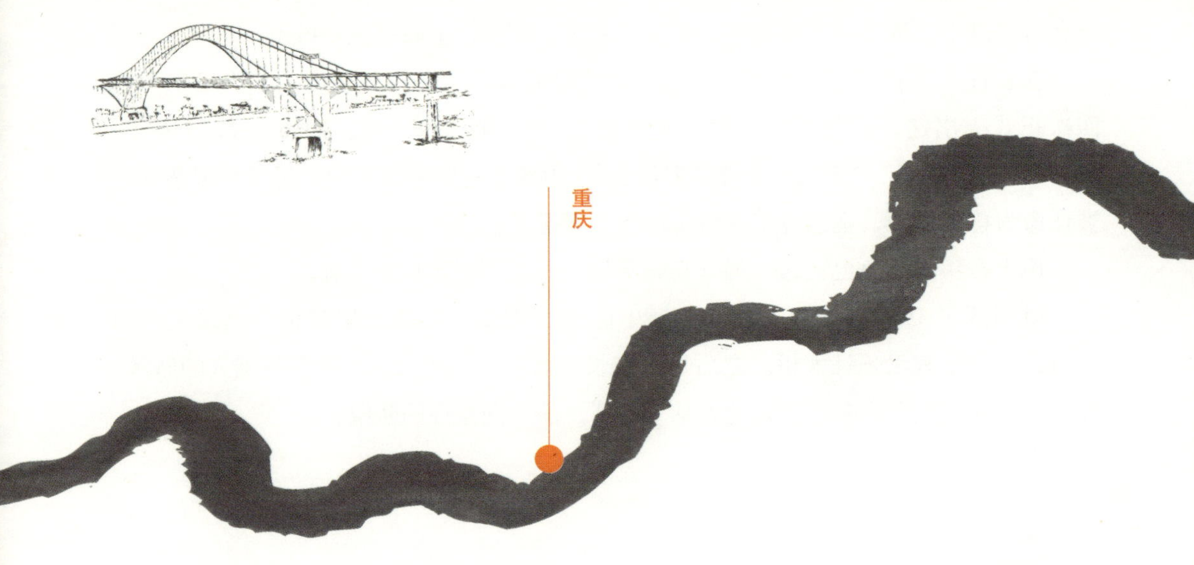

21世纪的第一个十年，世界桥梁建设的精彩集中于中国，集中于中国的长江，江阴、润扬、苏通、朝天门等长江大桥的建成代表了世界级的水平。截至2009年，据不完全统计，长江流域已建或在建桥梁近140座，自宜宾至上海入海口有79座。

世界上跨度大于1000米的悬索桥共有21座，中国有5座，其中有3座是在长江上。世界上跨度大于400米的斜拉桥有63座，中国有30座，其中有16座在长江上。世界上跨度大于300米的拱桥有18座，中国有13座，其中有6座在长江上。世界上跨度大于200米的连续钢构桥有31座，中国有17座，其中有5座在长江上。这是2008年的统计。长江之上，大桥令人叹为观止，已建和在建的长江大桥的桥型，涵盖了所有主要的大型桥梁类型，成为现实版的国际大型桥梁博物馆。

资料上说：长江上的大桥不仅是中国社会经济发展的见证，也是中国建桥技术不断进步的见证。这是属于行业、属于国家的荣耀光圈。寻常百姓的感觉是，通过人的力量、物质的支持，一座座大桥在长江上建成后，两岸人的生活空间实现拓展，比如武汉三镇的分隔在消失，浦东的时尚已让浦西不再自信。桥改变了时空，人们生活的

过程就此不同。

2009 年底，上海长江大桥通车，曾孤立于江中心的崇明岛迅速热闹起来，上海人以接近于全城人的迫不及待坐汽车、过大桥急奔崇明岛，进入崇明岛旅游的人数是过去 5 个月的总量，拎着年糕、螃蟹回来的人们脸露喜色。所以，说到长江大桥，人们总有一些赞许和陶醉的气息。

长江这一身份独特的流水，携带着经济的、文化的、生活的信息。长江上的大桥作为长江上静止又显著的物品，其的到来和变迁，安静又显著地表述着这一区域的往事、现实和未来。

长江大桥的故事，不仅仅是桥的故事。

上海至宜宾共七十九座长江大桥

上海市境内一座：

上海长江大桥

上海市与江苏省之间一座：

崇启大桥（在建）

江苏省境内九座：

苏通大桥
江阴长江大桥
泰州长江大桥（在建）
润扬长江大桥
南京长江四桥（在建）
南京长江二桥
南京长江大桥（公路铁路两用）
南京长江三桥
南京大胜关长江大桥（铁路桥）

安徽省境内四座：

马鞍山长江大桥（在建）
芜湖长江大桥（公路铁路两用）
铜陵长江大桥
安庆长江大桥

江西与湖北之间两座：

九江长江大桥（公路铁路两用）
九江长江公路大桥（在建）

湖北省境内二十座：

黄石长江大桥
鄂东长江大桥
黄冈长江大桥（公路铁路两用在建）
鄂黄长江大桥
武汉阳逻长江大桥
武汉天兴洲长江大桥
武汉二七长江大桥
武汉长江二桥
武汉长江大桥（公路铁路两用）
武汉鹦鹉洲长江大桥（在建）
武汉白沙洲长江大桥
武汉军山长江大桥
荆州长江大桥
枝城长江大桥（公路铁路两用）
宜昌长江大桥
宜昌长江铁路大桥
葛洲坝三江大桥
夷陵长江大桥
西陵长江大桥

南京

一江春水，归于东海

上海

巴东长江大桥

湖北省与湖南省之间一座：

荆岳长江大桥

重庆境内三十三座：

巫山长江大桥
奉节长江大桥
云阳长江大桥
万州长江二桥
万宜铁路万州长江大桥（铁路桥）
万州长江大桥
忠县长江大桥
忠州长江大桥
丰都长江大桥
涪陵李渡长江大桥
涪陵长江大桥
涪陵石板沟长江大桥
渝利铁路涪陵韩家沱长江大桥（铁路桥，在建）
长寿长江大桥
渝怀铁路长寿长江大桥（铁路桥）
重庆鱼嘴长江大桥
广阳坝长江大桥
重庆大佛寺大桥
重庆朝天门长江大桥
重庆长江大桥
重庆长江大桥复线桥
重庆菜园坝长江大桥
重庆鹅公岩长江大桥
重庆李家沱长江大桥
重庆鱼洞长江大桥（在建）
重庆马桑溪大桥
白沙沱大桥（铁路桥）
地维长江大桥
江津观音岩长江大桥
江津迎宾长江大桥（在建）
江津几江长江大桥（在建）
江津长江大桥
永川长江大桥（在建）

四川省境内八座：

泸州泰安长江大桥
泸州铁路长江大桥（铁路桥）
泸州长江二桥
泸州长江大桥
江安长江大桥
宜宾长江大桥
合江长江一桥（在建）
合江长江二桥（在建）

（截止到2012年6月统计）

重庆

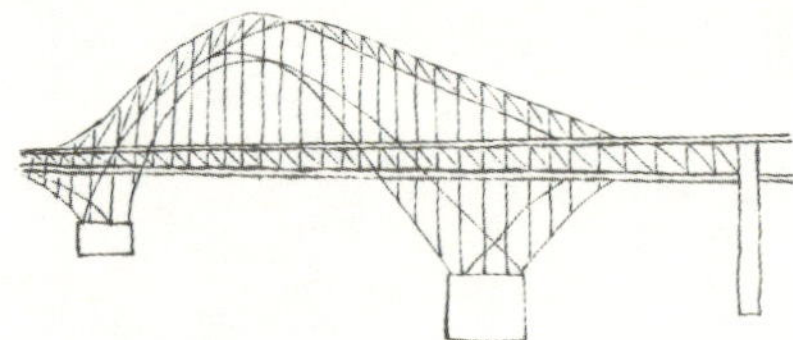

重庆朝天门长江大桥
出现时间：2008.12
投资：13.2 亿元

重庆石板坡长江大桥复线桥
出现时间：2006.8
投资：4.2 亿元

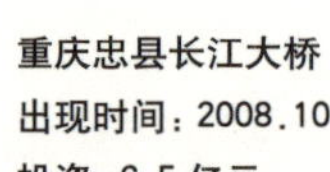

重庆忠县长江大桥
出现时间：2008.10
投资：6.5 亿元

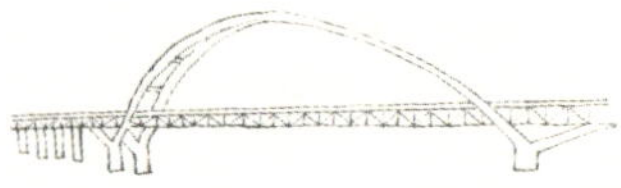

重庆菜园坝长江大桥
出现时间：2007.10
投资：9.5 亿元

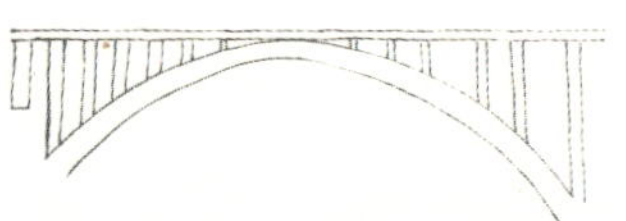

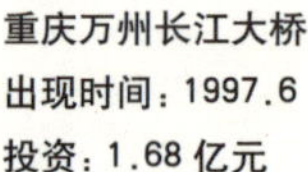

重庆万州长江大桥
出现时间：1997.6
投资：1.68 亿元

武汉长江大桥
出现时间：1957.10
投资：7189 万元

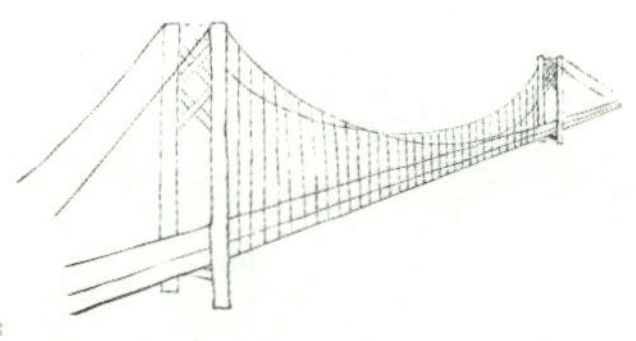

武汉阳逻长江大桥
出现时间：2007.10
投资：19.6 亿元

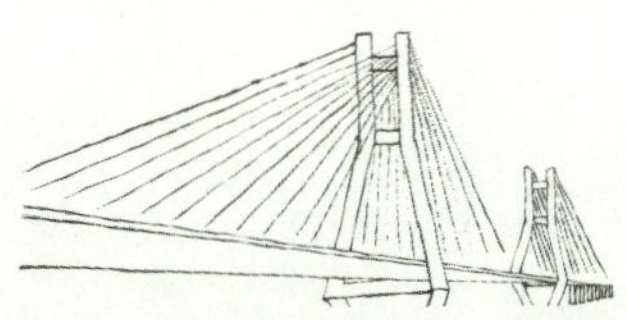

军山长江大桥
出现时间：2001.12
投资：9.45 亿元

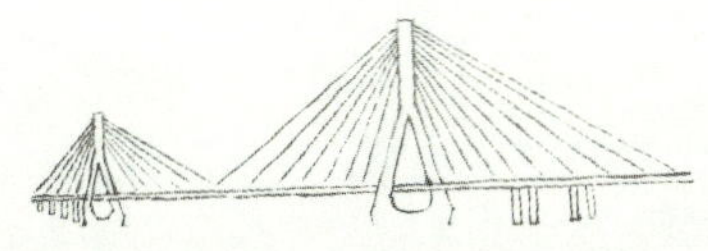

鄂东长江大桥
出现时间：2010
投资：23.4 亿元

江苏

南京长江大桥
出现时间：1968.12
投资：2.87 亿元

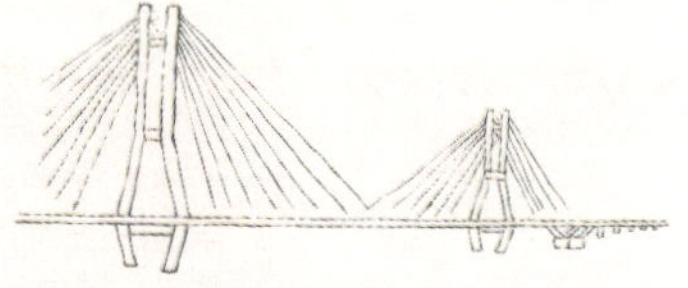

南京长江二桥
出现时间：2001.3
投资：16.83 亿元

南京大胜关长江大桥
出现时间：2009.9
投资：46.4 亿元

南京长江三桥
出现时间：2005.10
投资：14.95 亿元

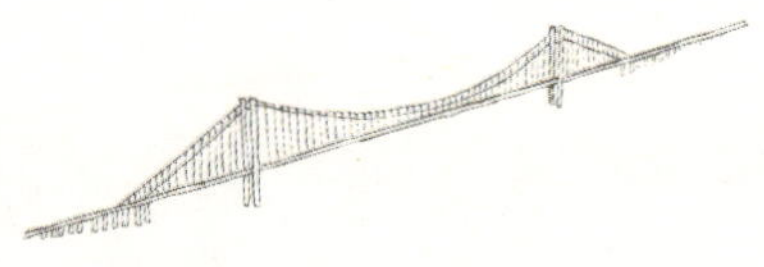

南京长江四桥
预计出现时间：2013
投资：19 亿元

上海

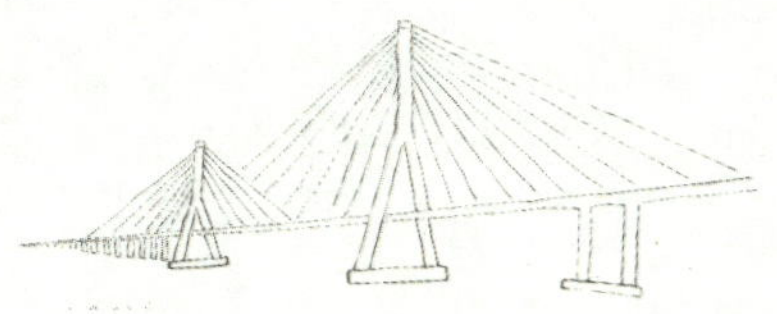

苏通长江大桥
出现时间：2008.5
投资：4.6 亿元

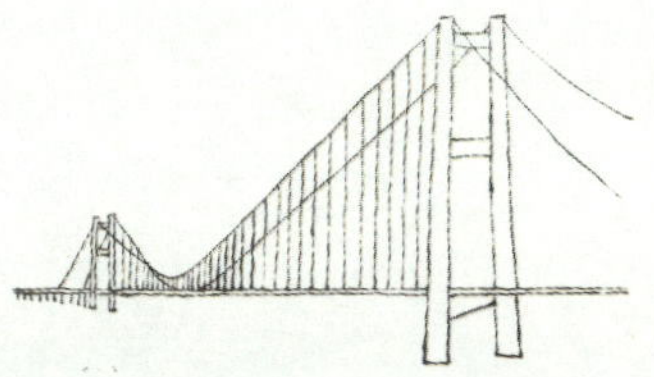

润扬长江大桥
出现时间：2005.5
投资：16 亿元

泰州长江大桥
预计出现时间：2013
投资：30.3 亿元

上海长江大桥
出现时间：2009.12
投资：11.35 亿元

NO 2.

NO2. 重庆

重庆（城），朝天门长江大桥，
重庆长江大桥，菜园坝长江大桥

重 庆

读重庆“桥史”，也就是读一部重庆的发展史。

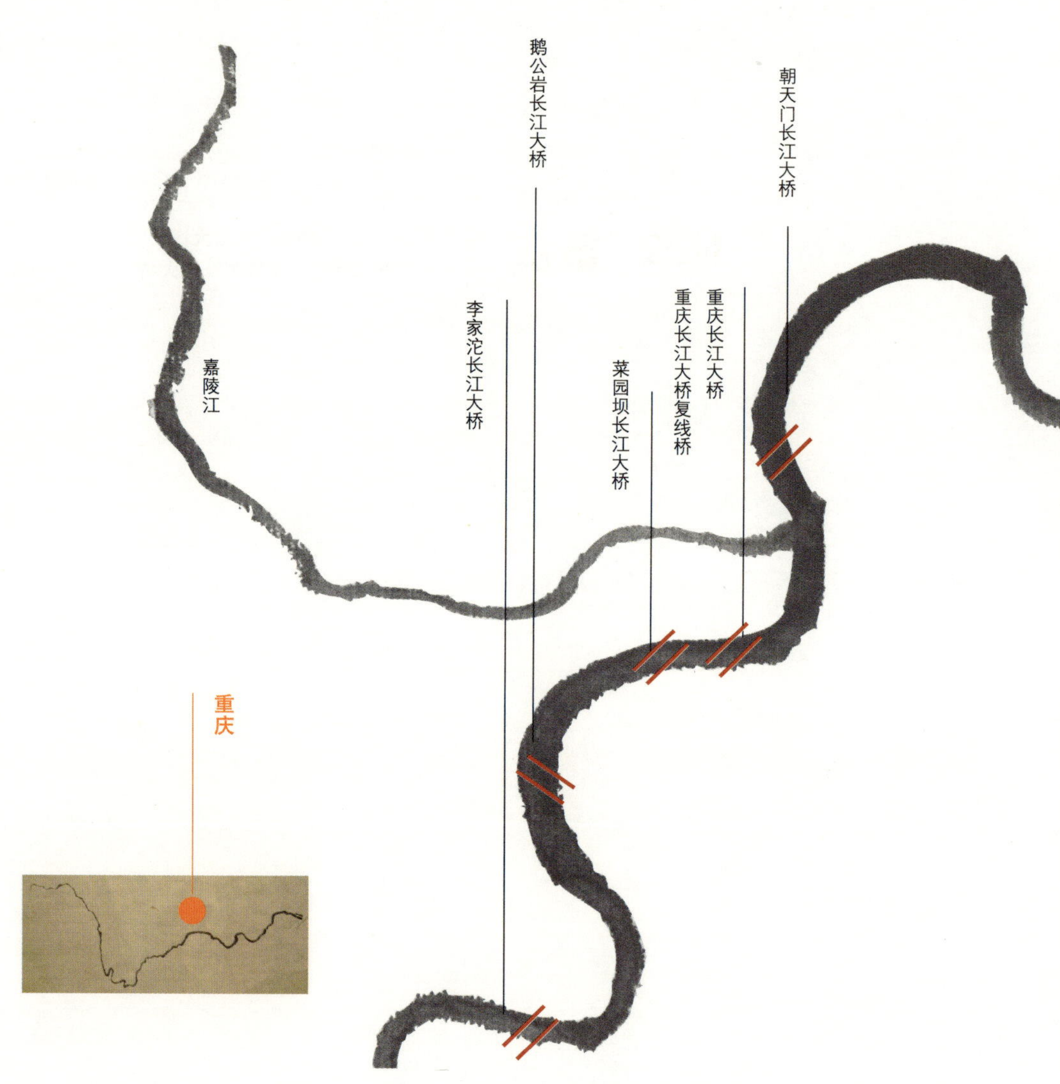

城市之门的愿望

上飞机去往重庆的时候，有人就告诉我们，降落时如果注意一下，也许就能看到重庆新的“城市之门”——朝天门大桥。到了重庆上空，已经将近晚上10点，立体的山城，灯火阑珊，但并未见到“城市之门”。

后来听说，大白天也很难看到城市之门的，重庆雾多，一年很难遇到几个晴朗透亮的日子。

朝天门大桥刚刚建成通车，它选择了个性粗犷具有现代工业气息的钢桁梁拱桥。钢桁梁整体上恢弘大气，充分展示了结构的力与美。大桥主拱涂装颜色采用“中国红”，这在多雾的重庆，极具穿透力，也表达了重庆人的直爽热情。

据说设计之初，有关方面希望能够在起降的飞机上看到这座建筑物，有好事者称之为重庆“城市之门”。不过还没有在重庆市的正式表达中看到这个称谓，或者这

是大桥建设者的一个美好愿望。也许在不久的未来，朝天门大桥就将成为山城的象征，在后来的两天里，大雾始终没有彻底消散，这座大桥也始终只能近看而不能远观。雨后，登上这座大桥，是领略重庆山城的好去处。

三维重庆的两种体验

长江、嘉陵江两江交汇，中梁山、铜锣山、缙云山、明月山蜿蜒，形成了重庆大山大水的景观格局。山城临江而立，整个城市像是一座巨大的山岩，城市建筑层叠其上。这样丰富的城市景观，国内城市罕有可比。

或许，重庆之美需要从不同的视点观察。从空中俯瞰重庆时，山峦起伏，像高

重庆，江边，大量的船只。
运输船，旅游船。

低不等的巨大波浪。但不管是西北部的浅丘，还是东南部的大山，都顺从地向两江河谷倾斜。从云雾迷茫中望去，山脊若隐若现。两江之间的渝中半岛，其形状好像一个横写的“V”字，而朝天门码头就在这个宝贵的尖角处。

重庆是一座三维空间的城市，高低起伏、错落有致，哪怕是去不远的地方都要迂回曲折、攀高摸低。夜景一直是这个城市的主旋律，声色天堂，梦幻人间。《重庆旧志》载：“入夜万家灯火，层见叠出，高下相掩，光灼灼然俯射江波，与星月交灿。”

对于重庆人来说，有两种独特的体验：这不仅仅是一座有着迷人夜色的城市，这也是一座让人感到痛苦的城市。有人甚至认为，这是世界上最艰难的生存环境。1942 年 9 月 25 日的一个早晨，费正清乘美军飞机从昆明前往重庆，后来他这样写道：“为人类居住，十分不幸，因为没有平地，要在城里往来，得像山羊一样忽上忽下。”

但是，重庆人一直努力地改变他们的交通状况，依托的就是桥。

读重庆的“桥史”也就是读一部重庆的发展史，桥梁已经和这座城市的发展血脉相连。国际著名桥梁建筑工程大师邓文中说，重庆是名副其实的“桥都”，桥梁数量最多，桥型种类最齐全，在世界上都是独一无二的。

建国后，重庆人修建了大量桥梁，许多桥梁都达到国内领先水平。1997 年，重庆列为直辖市，翻开了重庆桥梁史上崭新的篇章，创造了一个又一个中国领先、世界之最。仅 1997 年，重庆境内就有五座长江大桥建成通车；江津、丰都、巫山等区县相继建成了长江大桥。

现在，重庆地区已建成和在建的桥梁总数在 6000 座以上，其中，长江、嘉陵江上主跨150米以上、桥长800米以上的特大桥就有36座，被业内人士称为“中国桥梁博物馆”。这些桥梁不仅是景观，也承载着深厚的历史文化和重庆的发展历程。

从种类看，重庆有拱桥、斜拉桥、悬索桥、连续刚构桥、T形刚构桥等桥型，并拥有几个世界第一：朝天门大桥是世界第一钢拱桥，万州长江大桥是世界上跨度最大的混凝土拱桥，巫山长江大桥是世界上跨度最大的钢管混凝土中承式拱桥，石板坡长江大桥复线桥是世界最大的梁桥。

现在的重庆人很骄傲自己的“桥都”称号，并将之列为“重庆名片”之一。

桥在改变着重庆

一个德国人这样评价他看到的这座城市：“在德国如果发生交通意外，多半是因为一个十年前就立在路口的路标发生了变化而没有人意识到；而中国的城市，特别是重庆每时每刻都在发生着巨大的变化，一分钟之后未来已经变成了过去。”

1997年，重庆成为直辖市，十年时间，这座城市忽然长大了。据说，重庆人的平均步行速度快于北京人和上海人，仅次于广州人。十年期间，重庆一直在亢奋的状态下加速前进。

十年之后，重庆人对自己城市更新和增长的速度并不满意。在他们的谋划里，重庆的发展又到了进一步提速的时候了。重庆还有着雄心勃勃的计划。

2007年4月28日，重庆市提出“一小时经济圈”发展战略。

“一圈”是指，未来将在以重庆市主城为核心、一小时车程为半径的范围内，打造一个具有明显聚集效应、规模经济和竞争优势的城市群。

“一小时经济圈”规划提出了重庆的四条发展战略：向西：以成都和重庆为增长极，构建一体化发展的川渝经济区，培育中国新的区域经济增长极；向东：强化与武汉、南京、上海及长江三角洲地区的联系，构建中国经济的主轴——长江经济带；向南：打造出海通道，强化与珠江三角洲的联系；向北：与关中经济圈、陇海兰新经济带开展协作。

这或许是重庆的雄心：中国西部地区重要增长极的核心区域、长江上游地区经济中心的核心载体、重庆市统筹城乡发展的战略平台。一切从交通开始，跨江越水的桥梁是打通交通圈的关节点。

船和桥之间的关系独特而默契。

当没有桥的时候，船就是桥。

当桥到来后，船调转了方向，从纵向转向横向。

而桥，给船一个通过的空间，船从此走得更远。

船和桥的关系，可以用来做和谐建设的案例推广。

小货船，铁质，10米左右，小型柴油机为动力。
常态是夫妻船，船上人一看就是一家人。

中型的平底船常常几条连在一起，装着水泥、钢筋等建筑材料，或者是稻米、蔬菜，缓缓前行，那样子如同土制的航空母舰。有时看到，船上的人在几条船上走来走去，很有英雄气息。

游船和中型货轮，它们是长江里的中产阶级，岸上的人都能感觉到它们的傲。

重庆的城市倒影在江水里。

结实的货轮，空船的时候，它的身体显现出不平衡感。

那条红色的弧
[朝天门长江大桥]

拱桥是桥梁中最为古老的桥种，当现代桥梁以直线为造型基线时，拱桥的拱所带来的圆弧曲线，就显得独特起来。

2009 年中国新建桥的视觉画面，几乎都给了重庆那座红色的拱桥——重庆朝天门长江大桥（简称朝天门大桥）。

人们对重庆朝天门大桥的关注，并不因为造型、因为色彩，而是因为跨度。这座雄伟壮观的大桥，它以 552 米的主跨居拱桥的世界第一。

朝天门大桥最初设计的主跨是 546 米，最后达到 552 米，比原世界纪录只多 2 米，这因技术需要的无心插柳，刷新了拱桥主跨的世界纪录，让朝天门大桥建成时名气很大。

没有成为直辖市之前，重庆城市总体规划中，1996 年至 2020 年主城区规划十六座跨江特大桥，朝天门大桥是其中之一，这是市政府想了很久的一个公共基础设施项目。对于重庆，它意味着把江北城、弹子石两个中央商务区连为一体。

桥通之后，江北城和弹子石两地间的车程不过十分钟，这对曾经靠轮渡和绕道连通的两重要商业区域，幸福指数和效率指数直线上升。而在年轻的直辖市的未来规划里，朝天门长江大桥还要与规划中的两座大桥、两江隧道一起，将为解放碑、江北城、弹子石三个中央商务区构成一张立体交通网。

朝天门大桥全长 1741 米，主桥 932 米，双层桥，上层桥面为六车道汽车交通，下层中央为轨道交通，两侧各预留两条汽车通道。

这是一座以BT方式建设桥梁。BT方式在国外桥梁建设中有着成熟广泛的应用，但在万里长江的近百座大桥建设中，这是第一次。2009年5月1日，朝天门大桥通车，红色的桥拱开始真正工作。

专家眼里，拱桥建设的重点和难点是安装。2005年，朝天门大桥建设开工。完成深入江底30米的水下基础之后，需要安装四个巨大的球形支座，然后围绕支座旋转安装好大桥主体。那个漂亮的钢拱是经过类似一个搭建积木的拼装工艺完成：通过一个临时的竖直支架定位，从支座起，前一节安装好的钢梁成为安装下一节钢梁的基础。

从两头开始安装的巨大钢拱会不会出现偏差？对于一个总投资超过30亿元的大工程，这似乎是一个不严肃问题。事实上，所有工程人员都曾经担心这个问题。数

闲坐的人们的身后，那座藏在江雾里隐隐约约的桥就是朝天门桥，它被称为重庆的“城市之门”。

以万吨计的钢结构悬空延伸二百多米，地质基础、大风等因素完全有可能影响着最后的合龙。

这需要极端严谨的工艺流程，也离不开创造性的思维。大型球形支座在其中起到了重要作用。球形支座的功能类似一个“跷跷板”，北主墩支座固定，南主墩支座可以纵向活动的方案，这样就可以在需要的时候让钢梁整体纵移。

合龙或握手，有着三维的精确要求：横向、纵向、竖向三个方向的误差要同时控制在5毫米以内。2008年1月18日，随着主桁最后一根构件安装就位，主桥合龙的关键时刻到了。对于整个过程，专业术语是这样说的：从简支梁、悬臂梁、连续梁，到斜拉体系、悬索体系，再到有推力拱，最后形成无推力拱的成桥状态。工程技术人员对合龙口进行观察发现，合龙口三向误差均控制在5毫米内。

精巧和别致里总是隐藏着制作的难度。在建设者看来，朝天门大桥的技术难点是具体的数字指标。

主桥上部结构钢材用量达5万吨，所有杆件的长度、断面尺寸、构造形式均不一样，材质要求高，加工制造难度大，精度要求高。

大桥高强螺栓的总量达183万套，单个节点最大螺栓数量达6000套，国内桥梁从没有使用过如此之多的螺栓。山城重庆是个温度、湿度等变化较大的城市，这自然地增加了如此之多螺栓的施工难度。

拱脚处采用的球形支座达14500吨，也是国内最大，且设计年限为一百年，支座的设计、制造、安装等技术要求均处于国内领先水平。

特点和难点，让这座桥的初步设计、施工图设计和施工阶段的各个阶段前后几十次组织专家组咨询和审查，已完工的万宜铁路万州长江大桥的施工实际情况给了朝天门桥借鉴。

2008年5月12日汶川大地震发生时，朝天门大桥正在紧张施工。地震发生后，人们第一反应就是大桥会不会出事？地震发生两个小时后，立即对大桥结构和位移进行了检测，虽然出现少许位移，但大桥结构十分安全。

由于钢桥及其安全结构设计的特殊性，出现的位移在第二天便又迅速自我恢复，施工也随之正常开展。随后的几天里，建设者每天对大桥线形、应力进行监控。四天后，各方面对大桥进行全面检查后得出结论：地震对大桥没有造成影响。

伟大的积木游戏
不轻松的游戏

专家眼里，拱桥建设的重点和难点是安装。

重庆朝天门长江大桥就是这样一点一点拼装起来，像是孩子在玩积木游戏，但是绝对没有游戏的轻松。所有的大型桥梁的建设，都有这种积木游戏的味道，又都是不轻松的，充满极度的紧张和高超的智慧。

2007.11.27

2008.01.08

2008.01.17

2008.05.05

在同一地点对朝天门大桥建设的记录

主拱
检修通道沿着拱一直向前
拉住桥面的吊杆

钢拱
红色的铰接

2009 年 4 月的一天，朝天门大桥在为两周后的通车做最后的准备。

从桥上俯望江水，令人有些恍惚，几条船停在朝天门码头，那是忙碌后的宁静，大桥主墩附近，几个红色的小点，那是工人还在施工。江北，歌剧院正在建设，重庆打算

以大桥和歌剧院来和悉尼媲美。

大桥中央，灰色的钢结构从天而降，它们交错、交错再铰接，形成一个巨大的圆拱，也形成力量，然后以纤细的吊杆拉住桥面。

在镜头里，感觉到每一根钢铁都是幸福的，因为它们是缺一不可的，这种不可或缺感让它们从里到外更加强劲。

朝天门大桥的味道和美丽，都在这红色的铰接之中。

有的部位螺栓数量
达到6000套。

红色螺栓
大桥的螺栓总共有一百多万套

朝天门大桥的钢构件全部使用高强螺栓连接，螺栓总共有一百多万套。有人计算，螺栓首尾相连起来，是重庆到成都的直线距离，其中有的部位，螺栓数量更是达到 6000 套。

一百多万套的高强螺栓在安装时精度要求 1 毫米以内，这比“鸟巢”钢结构的安装精度还要精确和严格，以此实现了完美对接。

那些红色的螺栓，将那么强硬的钢铁以圆形的曲线、旋转的力量连接和固定。它们像士兵一样规则地排列，带着明显的执拗，也带着刺目的力量。

镜头里，有时又看得出这是它们的一个游戏。

白和红、红和红，你们的形状不同、巨大和强硬，我依照规则将你们收拢，安静地站立和守望。

桥，忘我地陶醉了
眼前红成一片

我站在那里的时候，桥面上刚刚铺过红色的防腐材料，整个桥面都是那种西瓜红色，和头顶红色的拱，旁边红色的围栏一起，在眼前红成一片。
桥面有雨水，上部的拱形钢桁梁的倒影投在了红色的桥面上。
在这特殊时刻的一片红色中，人和物都虚幻了，只有桥在这里，它很忘我地陶醉了，在距它正式开通，迎接车辆之前的日子里。

红色的桥面，一辆安静的两轮车。

屋顶上的桥
青瓦上的剪影

重庆的临江路上，风格时尚的餐厅一家挨着一家，又集体有着一种相同的欲望，就是要把长江揽到自家食客面前。因为和长江隔着一条马路，马路这边的它们就尽可能地多开窗户，以致临江这一面全是落地的窗户。

那天坐在车里一路过去，连一些餐厅桌椅的样式、桌布的颜色都能看得清清楚楚，不禁为重庆的时尚、开放和舒适吃惊了一下。

相对于这些，朝天门大桥边的法国水师军营酒吧就像是一个自闭的孩子了。这是一个几幢小楼围起来的院子，琉璃瓦的檐角让不大的门脸显眼起来，如果没有那把东南亚风格的遮阳伞和伞下那个穿黑色制服面目姣好的服务生，很不容易认出这是一家酒吧。

主建筑是一座三层小楼，色彩深重的家具、低垂的厚窗帘让室内昏暗，服务生站在上一层的楼梯上等我们从窄窄的木楼梯走上去，光线从她的身后默默地传递过来。在这样的氛围里，鞋底接触实木后发闷的咚咚声和软而实的脚感，托着人离开外面的世界。

三层的露台，青砖被山城经年的雨雾打磨得乌黑光滑，有青瓦的屋顶矮矮地只有手臂高，青瓦屋顶上，出现了朝天门大桥的剪影。

屋顶在下，桥在上。古中国的青瓦屋顶，现代而雅致的桥。

夕阳下，旁边店铺的招牌露出来，老的电视天线，没有开启的路灯，远远的乱乱的常见的树的一点点身影……一边废弃的老楼窗户半开，人已去，荒草兀自独立。

地面
土地上的印记

从几十米高的朝天门大桥上向下看。

4 月的江滩，野草如绿色的水彩在宣纸上随意地晕开，又被人和车的脚印踩花。

一片土地被机械打开，褐红的泥土露出来，润湿得像是要滴出来什么。

工程车的履带像手指轻抚而过，在新鲜的土地上留下印迹。

焦距正常时所有的东西都在缩小的状态。比如本来巨大和强健的工程车，这时候有小甲虫的乖巧和温和。

剪影

桥是城市膨胀的酵母

新建的桥边，一些准备拆迁的旧房子很破旧，老化的电线、无人工绿化痕迹的植物，那些上个世纪的电线杆和自然生成的树，在房子消失后变得突出。

魅艳的新房子已经站立，很高。

桥会加快新房子的到来，加快这个城市的新陈代谢。

旧的消失，新的即时到来，桥是城市膨胀的工业酵母，在这个长江边的城市，更有着直接、快捷，有着立竿见影的速度。

珊瑚坝记忆
[重庆石板坡长江大桥]

全城人民都出动了，整个珊瑚坝出现万人碎鹅卵石的壮观景象。

重庆人自己施工建设的第一座长江大桥是1977年动工的石板坡长江大桥，我们去时，桥边的纪念碑文上用的是“重庆长江大桥”这个称谓，这是这座桥现在的名字。建成后更名，在桥里较为少见。

重庆长江大桥是当时国内跨度最大的预应力混凝土T形刚构桥。正桥全长1120米，最大跨径174米。

重庆稍微上了一点年纪的人，都津津乐道石板坡长江大桥。“当时的口号是人民大桥人民建，我为大桥做贡献。”作为政府工程，全城人都出动了，甚至一些几岁大的小孩也跟着大人在珊瑚坝碎鹅卵石，长长的珊瑚坝边，出现了万人碎鹅卵石的壮观景象。

终于，大桥提前半年完工，于1980年7月1日通车。而长江大桥剪彩一周后，大桥上仍是人头攒动。重庆女作家虹影在她的半自传体小说《饥饿的女儿》中也记录了当时的盛况：“1980年重庆长江大桥建成，从城中心跨江通南岸，南岸人兴奋若狂……”

大桥修好后，一场“风波”又起。重庆桥建总局委托重庆美术学院院长为桥身雕塑。他们创作了题为“春夏秋冬”的雕塑。在开始公开的方案中，雕像全部裸露，雕塑设计引起社会舆论的强烈抨击。迫于舆论压力，雕像们“穿”上了外衣。

从朝天门大桥下来，站在石坂坡大桥上，两者对比，这座三十年前建成的桥就显得太平凡了，就像我们走过的一些桥，如果没有个人经历，似乎不会留下什么印象。只是桥头的那两对雕像还保留了一丝吸引力，有人在旁边摄影留念。

现在这座大桥已经远远不能满足交通需求，重庆又在旁边建了一座类似的大桥，称之为石板坡复线桥。它要比它的哥哥名气大很多，以330米的主跨成为世界第一跨径的梁桥。而在长江中下游，根本无法用梁桥来跨越天堑。

4月的长江是枯水期，大桥下江滩宽了不少，人们在那里嬉水。拾级而下来到桥墩跟前，这两座兄弟桥显得雄伟了许多。穿过这两座桥，不远处，另外一座拱桥清晰可见，比它们张扬了许多。

那个穿上衣服的雕像。

无人的人行道，安静的路灯。

名字重叠的历史

前面的桥是重庆长江大桥，这是文件强调的名字，
重庆的司机们还是用它的老名字：“石板坡大桥。”
伸出来的半圆形的桥是石板坡的引桥。
远处的红色桥拱是菜园坝长江大桥。
站在江滩上往回望，桥重叠着出现。
石板坡、菜园坝，名字里有往事和记忆。

独此一份的“提篮拱”
[重庆菜园坝长江大桥]

曾被授予“名誉文学博士”称号的邓文中坚持让桥成为一位轻盈、苗条的“瘦美人”。

即使主角不是它，它依然能抢眼地在镜头中直入你的视觉。这是重庆的又一座红色的桥，又一座拱桥。当拍摄重庆长江大桥和重庆长江大桥复线桥时，它用自己的形状和色彩提示并没有在意它的我们。

回来后查资料，知道它是重庆菜园坝长江大桥，2007 年 10 月 29 日通车，是公路和轨道交通两用钢箱提篮拱特大桥。主桥长约 800 米、主跨达 420 米，钢结构总重 18000 吨。

“提篮拱”，很家常的名称，却是属于世界首创的桥型，完全是为这里两江环抱、群山相拥的地貌量身定做。量身定做者，更是一位世界级名人。

2000 年，世界工程科技界权威刊物《工程》学术周刊评选出世界近现代史上 125 位对人类发展最具有贡献的杰出科学家，美国工程院院士、中国工程院外籍院士邓文中即是其中之一。邓文中用十个月时间完成了菜园坝长江大桥的设计。这是邓文中亲自完成设计的第一座特大型跨江大桥。

曾被授予“名誉文学博士”称号的邓文中坚持让桥成为一位轻盈、苗条的“瘦美人”。他认为桥一旦“胖”，则出现“只见一座大桥而不见一座城”的尴尬。

很低调的优雅，这就是“提篮拱”。在“菜园坝”这个地方，独此一份的“提篮拱”。

不在意的最爱
它在那里所以就进入了镜头

菜园坝桥是拍摄全过程中最被忽略的一座长江上的桥，当时完全没有在意它，它因为在那里，就进入了镜头。

回来后，它带着个性意外地跳出来，吸引目光。它几乎是我最喜欢的桥之一，而我在它身边时，却连一丝专注的目光也没有给它。

两位“拱”
[万州长江大桥]
[巫山长江大桥]

万州长江大桥是目前世界上最大的混凝土拱桥。这或许也是最经济的一座桥梁。

重庆V形河谷较多，石料丰富且强度高。历史上，重庆境内建造了许多石拱桥，其中不乏经典之作。建于北宋的荣昌施济古桥，清代即有“川东保障”之称，自1929年始成为成渝公路必经之桥；位于万州城区的万安桥，建于1926年至1929年，是全国跨径最大的砖拱桥。

1997年，万州长江大桥建成，这是一座漂亮的混凝土拱桥，是长江上第一座单孔跨江公路大桥。万州长江大桥拱净跨420米，桥面距江面高140米。

万州长江大桥是目前世界上最大的混凝土拱桥。这或许也是最经济的一座桥梁。如此大规模的拱桥，国外肯定会选择钢拱结构，但成本是当时的万州不得不考虑的因素。

大桥主拱的骨架是钢管，这保证了强度，然后在钢管中灌注混凝土，因此要比全部钢结构便宜很多。主拱成形后，再浇筑混凝土，成为钢筋混凝土箱形拱圈。在这种锱铢必较的态度下，大桥主桥共花费1.33亿元。

重庆另一座著名的拱桥是巫山长江大桥，是一座钢管中承式拱桥。巫山长江大桥以鲜艳的红色和主跨492米，成为巫山青山绿水中的景观。

从工艺流程来看，巫山大桥比万州大桥少一个环节，就是没有用混凝土将主拱包起来，因此形成了这样一道鲜艳的弧线。不一样的是，万州大桥桥面在主拱下面，巫山大桥桥面则是靠垂直大吊杆挂在主拱下面。

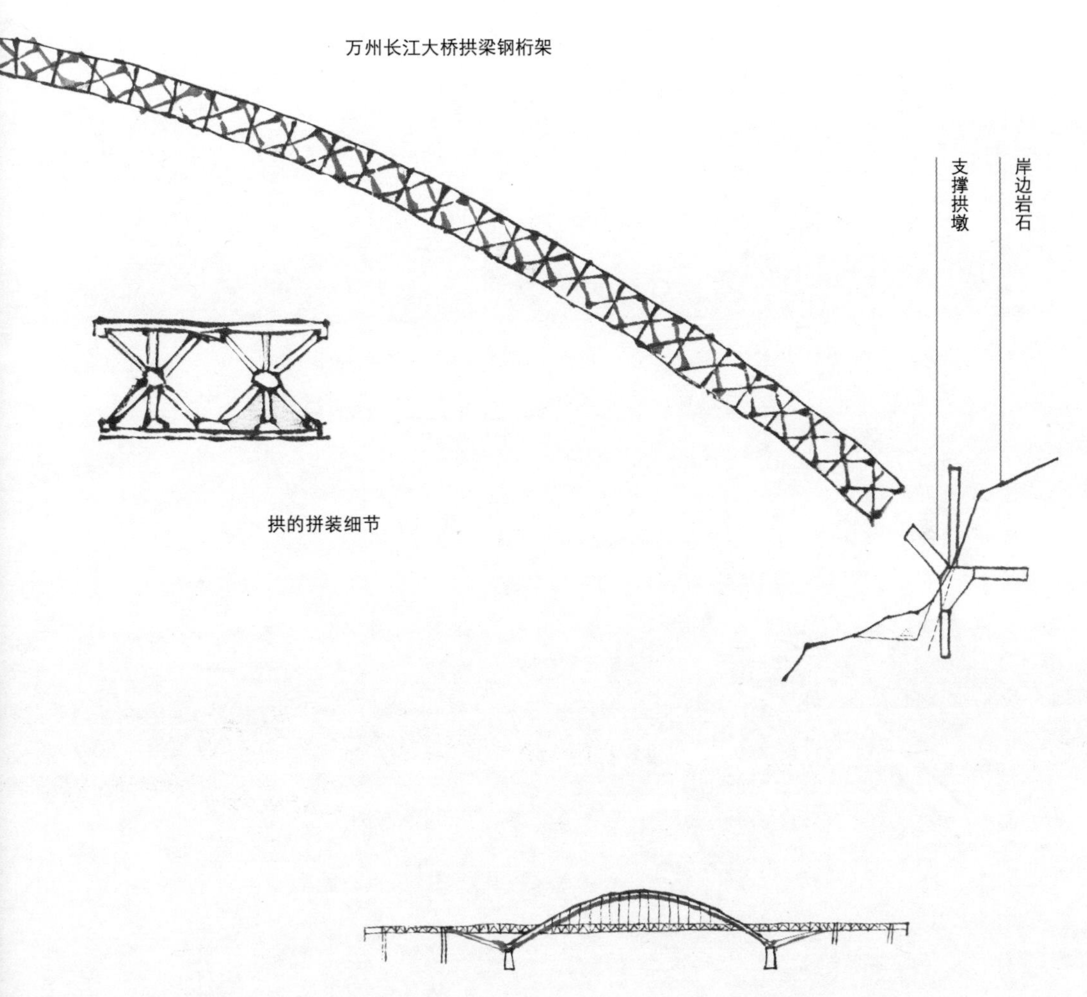

NO3.

NO3. 武汉

武汉（城），武汉长江大桥，武汉长江二桥，阳逻长江大桥，军山长江大桥，鄂东长江大桥，武汉二七长江大桥

武 汉

对旧日和今天的长江大桥的感情，局外人无法完全理解和体味。即使天天生活在这个城市的武汉人，对其中的意味也无法完全总结和表述。

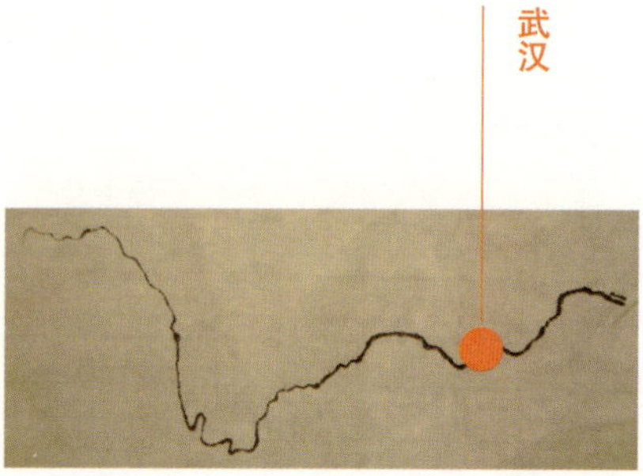

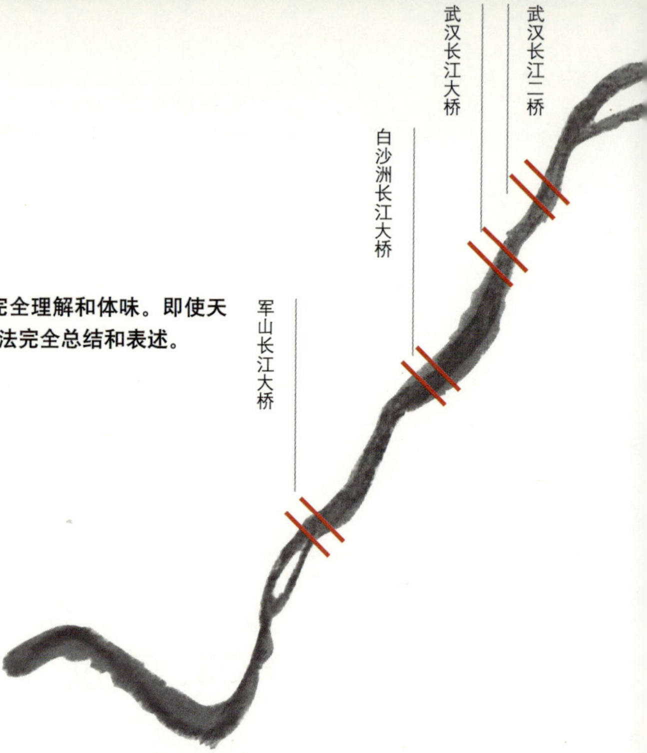

长江走到湖北地界时开始变得越来越平静，平静的长江形成的长江中下游平原数千年持续的富饶，集中到湖北省会武汉这里，倒让生活在这里的人性格里多了一份飞扬、激越和灵动。生活于两江交汇、三镇对峙的武汉人，对旧日和今天的长江大桥的感情，局外人无法完全理解和体味。即使天天生活在这个城市的武汉人，对其中的意味也无法完全总结和表述。

1957年，长江上的第一座大桥武汉长江大桥建成通车，武汉从此因桥而享受了国家级的荣光和自豪感，到目前，当武汉市区内建成和在建的长江大桥已有七座之多时，比较容易激动的武汉人对桥却平淡起来，武汉的长江大桥们也开始平和起来。

从激越回归平和，从强调长江上“唯一”的桥到不再过多地追崇桥的“之最”，长江大桥在武汉这里，走出了优美的健康成长的轨迹。

十多年的“唯一”

在长江上建桥，初期的主要难度在于大跨度。长江进入中下游地区后，江面阔大到千米以上，长江上无桥的主要原因是彼时的技术和材料无法让桥横跨长江。

其实长江上曾经有桥，从东汉的光武帝到太平天国时期，古人曾在长江上建立

过三座浮桥。浮桥可以说成是船桥，在江面上将船连接固定形成桥，其脆弱程度相当于现代的一次性纸杯，风、水、火对它的杀伤力很大。

我们说长江上无桥，是指长江上长久地除浮桥外无固定的桥梁。

在中国能以桥为傲的城市绝不只有武汉一个，但是如果说到长江上的桥，从历史的角度往回瞧，武汉是绝对有资格骄傲的。

骄傲来自 1957 年建成通车的武汉长江大桥，这是长江上第一座公路铁路两用大桥。在 1968 年南京长江大桥建成前长达十多年的时光里，不仅仅是武汉人，全体中国人都有一种大桥骄傲情绪，人们的口语和文字中的“长江大桥”，曾专指武汉长江大桥，因为这是当时长江上唯一的桥。

其实这个概念并不准确，在武汉长江大桥建成后的 1959 年，重庆的长江之上就出现了连接成渝铁路和川黔铁路的重庆白沙沱长江大桥，但是在之后以至到今天的许多资料中，依然认为直到 1968 年 12 月南京长江大桥建成通车，长江上才有了第二座大桥。

这里面理性的原因，是因为重庆白沙沱长江大桥地处长江上游，长江江面比武汉窄得多，白沙沱大桥仅有八百多米，长度仅是武汉长江大桥的一半。

而情感的原因也甚是浓重，武汉长江大桥是一座新中国初生期与国家、领袖层面相连的桥梁。毛泽东的“一桥飞架南北，天堑变通途”诗句，让武汉长江大桥染上了民族、国家的无尽光辉。

出现于武汉长江大桥之后的重庆白沙沱长江大桥一生一世黯然失色，以至于长江上第二桥的身份被长久淡化，是注定的。

一个城市的桥心理

1957年左右出生的武汉人，名字里有“桥”的特别多。这一年，作为新中国代表符号的武汉长江大桥建成通车。这一年，华中地区第一家调味品生产企业武汉味精厂也建成投产了，商标定为“大桥”，“大桥味精”销往全国，上个世纪时许多家庭的主妇还记得。味精之外、衬衫、缝纫机、火柴、毛巾以至小孩子玩的童车，都有和“大桥”联系在一起的。当年的武汉“大桥牌”商品近四十种。

“大桥牌”的风靡，缘自这个城市强烈的以桥为傲，这样的桥心理衍生为高质量和创新精神。1957年之后武汉市的街道、码头上，可以看到许多以武汉长江大桥作商标的产品广告。1957年9月13日《湖北日报》第2版《武汉人民颂大桥》一文的开头是：“在武汉已经形成这样一种风气：大桥就代表着质量。”

武汉长江大桥给这个城市带来的不仅仅是骄傲，还有骄傲带来的产品自信和责任，当年“大桥牌”的商品质量都是不错的，据说“大桥牌”高级墨水的质量指标已全面赶上美国派克墨水，那种品牌效应的影响，绝对是超过后来红透半边天的汉正街，况且还有实实在在的质量在那里。

上个世纪80年代，“大桥牌”产品开始淡出市场，不过直到今天，老一代武汉人依旧有些念念不忘。

第二次开始的长江大桥兴建高峰，依然还是从武汉这一处开始，但是1995年修建武汉长江二桥时，声响和当年的武汉长江大桥比起来，已不能同日而语。国事不同，语境不同，心理也不同，武汉人的桥心理，像是旧日的宣传画一样老旧和失散了。不过，这不是一件坏事。

“天下之中”的家世

武汉长江大桥的天生优越，于身处武汉这独特的“国之中”的位置有直接的关

桥墩上的水位指示。此时，桥成为基准。

桥下，与江水、桥墩、树梢和检修梯有关的片刻。

系。就像是人的家世，可以为人制造成功的机会，提供强力的支持，连最后的出名也理所当然。物的事和人的事一脉相承。

从中国地图上看过去，真正地理意义上的中国的中心，是兰州。以武汉为圆心，半径1000公里范围内，北面的北京，南面的广州，东面的上海，西面的西安、成都、重庆依次进入了圆圈。交通上的中国中心是武汉。

地理上的中国中心位置——城市兰州，历代并不得宠，交通上的中国中心——城市武汉，被列为现实版的“天下之中”，在过往的历史中，从三国纷争到近代民主革命，武汉总是自自然然地就成了大事件的地点。

夸奖武汉的《汉口竹枝词》说：“此地从来无土著，九分商贾一分民。”武汉的人员构成显示了武汉的独特地位。比之更早的论据还有，公元前323年即楚怀王六年，怀王封把弟弟启封为“鄂君”，“鄂”即是今天的武汉一带。残留下来的文字里，说皇弟鄂君管理的鄂邑，水陆商船队伍顺水扬帆，货物被运往楚国各地。武汉，那时已是国家枢纽。

普通的音乐、普通的人在武汉长江二桥下面。

现在，陆路交通运输中，京广、京九、沪汉蓉等五条铁路干线，京珠、沪汉蓉等六条国道在此交会，武汉是全国四大铁路运输枢纽之一，武汉港是我国长江流域重要的枢纽港和对外开放港口。武汉在现代中国物流业中分量十足，武汉的官方的宣传文件里很谦虚地称“建设国家级物流枢纽城市”。其实这个地方，千古以来，不想当国家的枢纽都不行。

依水而居的武汉成为国家物流枢纽，桥的到来不可回避，到来后又因为“天下之中”的位置而身份独特。

消逝的“三镇”概念

长江和汉江在这里交汇时，江水把一个城市分隔成三个镇，没有桥之前，城市的连接完全靠渡船。那时每月总有几天因风浪、浓雾，渡船被迫停航，城市在那时完全被分裂为三块。“武汉三镇”，这个称谓里有意无意地强调着被隔断的无奈和伤感。

但是，桥的到来让一切开始改变。从1957年武汉长江大桥的建成，到今天越来越多的桥的出现，让被长江和汉水分割的“武汉三镇”，正慢慢由“三”变为“一”——一个城市“武汉”。武汉三镇，依水而成，因水而隔，桥使大武汉真正成为一个整体。

在江汉路的店铺里，与五十多岁的店主人闲聊武汉，对方一直说“武汉三镇”如何如何……在一边打下手的80后的儿子扔过来一句：武汉就是武汉，老说三镇干什么吗！当爹的回了一句：你们当然不知道那没桥的日子……桥改变了年轻一代对城市武汉的感觉。

长江来到这个城市，现在开始拥有更多的桥梁。长江上从上游到下游依次有武汉军山长江大桥（长江四桥）、武汉白沙洲长江大桥（长江三桥）、武汉长江大桥（长江一桥、公铁两用桥）、武汉长江二桥、武汉二七长江大桥（长江七桥、在建）、武汉天兴洲长江大桥（长江六桥、在建）、武汉阳逻长江大桥（长江五桥）共七座长江大桥，还有正在建设的鹦鹉洲长江大桥。

这些桥改变了武汉三镇原只有武汉长江大桥一线牵的交通格局，汉口、武昌、汉阳三镇形成28公里长的交通内环线，构成全长188公里的大外环，即与京珠、沪蓉国道主干线相连的武汉绕城公路，让武汉市作为全国重要交通枢纽促进中国东、中、西部互动的桥梁纽带功能逐步显现，湖北省在中国经济中有了更多的地位感和身份感。

从荣光到平和

长江在湖北省1053公里的江面上，将出现十七座长江大桥，我们侧重于武汉市管辖区的长江大桥。事实上，十七座大桥中的出色者也主要集中于武汉市辖区内，在这里我们将之统称为“武汉的长江大桥”。

武汉现有和在建的长江大桥有七座，有心者发现，这些桥除以中立的方式命名后，均以江北的地方命名。这里面是巧合、是人为因素，还是有一些隐意。

中立的命名是武汉长江大桥、武汉长江二桥、武汉白沙洲大桥、武汉天兴洲大桥。以江北地方命名的有武汉阳逻长江大桥、武汉二七长江大桥、武汉军山长江大桥等。阳逻、二七、军山这些全是江北的地名。

武汉的江北和江南不同。江北汉口历经五百多年的历史成为商业之都，江南武昌拥有一千七百多年的历史，成为政治文化中心。商业精神里多实用之气，我们发现除去早年的武汉长江大桥，武汉的那些长江大桥多中庸之气，平和地站在那里，安静地连接两岸，回归了桥的本来气质。这样气质的桥，让人喜欢。

存档国家记忆
[武汉长江大桥]

在此之前是老式的，从此之后则是新式的。统计和回顾中国现代桥，第一座荣至所归为武汉长江大桥。

老旧的护栏，细节上流露出苏式风格。

1903年建成，到1991年停止使用的大智门火车站，另一个名称是京汉火车站。走到汉口京汉大道与车站路交会处，很容易发现一座两层的法式风格老建筑，四个20米高有绿色圆形铸铁堡顶的塔堡，远远地就吸引了众多目光。

这里是1900年建成的北京卢沟桥至汉口铁路的终点站，在1957年前，由于长江上无桥，从北京来的火车在这里止步。火车到这儿如果要继续向南，得分解上轮。

粤汉铁路和京汉铁路在这里隔江分立，本应南北一线相连的铁路被长江水强行切断。虽有轮渡，但是轮渡一次通过一两个车皮，粤汉铁路的运输量当年非常小。

1955年一百余万人口的武汉市，每日依靠轮渡、木筏来往江南江北的市民平均达十一万五千人次，水上失事常有所闻，每月江上还总有几日因雾因雨轮渡停运。有的武汉人从老到小一辈子都没过过汉口去。

也就在这一年的9月1日，历史上曾经四次书面提出来要修建的武汉长江大桥正式动工。大桥建设之初，《人民日报》发表社论号召全国人民支援万里长江第一桥的建设。在武汉市开展的“捐石头”活动中，武汉的很多人家将房前屋后用来铺路的石头撬起来捐献给大桥工地。

当时，建桥的技术和资金难度仅仅从粤汉铁路和京汉铁路隔江相望几十年就可以看得出来。大桥选址长江在武汉城区最窄处，即武昌蛇山和汉阳龟山之间。五十多年过去，长江在武汉江面最窄处在武汉长江大桥下，是1100米。而在此之前，中国从没有建设过超过千米的桥梁。

桥被设计为1670米长，其中正桥长1156米，北岸向武昌方向的引桥长303米，南岸向汉口方向的引桥长211米。1670这个数字在当时足以让人叹为观止，再加上这座桥的另外两个超级身份：古往今来长江上的第一座大桥，我国第一座公路铁路两用桥。即使是现在的旁观者，也颇能容易理解当时全国对武汉长江大桥的关注和建成后持续多年的全民性激动了。

在中国桥梁界，武汉长江大桥代表着这个更为有意义的概念，这是中国第一座现代化桥梁。"现代化"是个曾经惯用的中国式名词，这个词表明了武汉长江大桥的分界点作用：在此之前是老式的，从此之后则是新式的。统计和回顾中国现代桥，第一座荣至所归为武汉长江大桥。

武汉长江大桥被视为现代桥梁源于大桥建设过程中的技术创新。这座上为公路下为铁路的铁路公路桥主桥共有八个桥墩。桥墩对大桥的意义不说自明，当时世界

武汉长江大桥因为那些纯粹的钢桁梁，而有了健美先生的味道，即使岁月流逝，也不消逝的味道。

建桥界建造大型桥墩流行使用沉箱法，在由周恩来总理最后决策后，武汉长江大桥在国内第一次采用大型管柱基础和管柱钻孔施工方法。

什么是沉箱法？什么是管柱钻孔法？简单地理解，前者是水下施工法，后者是水上施工法。

沉箱法施工时工人潜到水下工作，体质好的工人一天最多工作两个小时，施工受到天气的直接影响，在有雾有风有浪的长江上，不能施工的日子很多。如果选用此种方法在当时的技术装备情况下，工期将由老天决定。

管柱钻孔法通俗点可称为钢管法，就是用空心钢管连成管柱向水下打，一直打入河床岩面上，在岩面上钻孔，再往孔内灌注混凝土，将管柱人工“种植”在岩石内，然后以此为基础在上面修筑承台及墩身。

我一直认为管柱钻孔法是个很农业的施工法，它让你想到一群不是农民的人拿着钢铁的家伙将桥墩种在了江河里，就像在春天用手指将种子送进泥土。提出在武汉长江大桥使用这一施工方法的是前来援建的苏联专家小组组长西林，这种方法连他的祖国都没有采用过，而在异国他乡得以实施。

武汉长江大桥也成为西林一生的荣耀，西林1996年去世，在他的墓碑上，前面刻的是他的名字，后面刻的是武汉长江大桥。

因为使用了这一施工方法，武汉长江大桥原计划四年一个月完工，实际仅用了两年一个月的时间。十多年后，当南京长江大桥建设时，依然采用了这一施工方法。

具有创新精神的武汉长江大桥外表还洋溢着一派民族主义精神，齐胸高的栏杆上铸有飞禽走兽，每隔一定距离还有“孔雀开屏”、“鲤鱼戏莲”、“喜鹊闹梅”、“玉兔金桂”的铸铁图案，正桥两端高约35米的桥头堡取材中国传统的亭阁式样，而八墩九孔每孔跨度128米，在五十年前也早早地响应了吉祥数字。

时至今日，武汉长江大桥也是武汉游中旅行社的常设项目，因为没有门票。那天，我们花2元钱登上大桥的桥头堡，在20米高的地方感受长江和大桥的组合。如果在桥上走，可以享受到桥上左右均设的2.25米宽的人行道，这个宽度在其他大桥上很少出现。目前新建的大桥，多数已不设人行横道。

看不到的是往事，看得到的是旧物，那些真实地在我们眼前的物品牵引着我们集体重回旧日，纵容你重寻个人往事。这座在游人眼中东方的、带有旧日时代气息的桥，不仅仅承载着车辆行人，也承载了红尘滚滚中不能消逝的国家政治记忆。

在这里
[武汉阳逻长江大桥]

江苏润扬长江大桥、香港青马大桥、江阴长江大桥、武汉阳逻长江大桥，这是 2009 年国内悬索桥的跨度排位。

武汉绕城公路在 2009 年时是国内最长的城市环线——全长 188 公里，阳逻大桥是其中的最后一个工程，阳逻大桥在 2007 年 12 月 26 日建成时，武汉环城高速真正连成一个大圆了。

阳逻大桥为悬索桥。选择悬索桥是出于两个原因，一是悬索桥为大跨度桥梁，减少了水中墩，将使阳逻深水港有了一个相对宽敞的航道；二是在此之前武汉还没有悬索桥，而桥梁大省湖北省的宣传提纲里常常提到打造“长江现代桥梁博物馆”的口号，于是武汉决定悬索桥的缺口由阳逻大桥来补上。

悬索桥的亮点在于主缆，大桥的两根主缆承受大桥的钢箱梁、桥面沥青混凝土、行走车辆、风力摇摆等所有重量。阳逻大桥的两根主缆总价值约 2.1 亿元。

这是两根有着优美曲线的工业品，从外表看主缆是白色的钢管延伸桥的头尾，那白色的管子并不像想象的因要拉起桥而十分粗大，从技术资料上看直径只有 0.85 米，但是承受起了 6 万余吨的拉力。

主缆里面到底什么样？为什么承受能如此有力？答案并不神秘，主缆里面是 324 根索股，索股可以很不专业地称为钢丝绳，这样的钢丝绳，每根又是由 127 根钢丝拧成的。

桥上的股道分隔线，常常比陆地上的更给人以分量。据预测，2010年，武汉过境车辆将达到35万—36万辆/日。

夜晚时的锚碇施工。

主缆的秘密可以用算式简单表达：127 根钢丝制作成钢丝绳，324 根钢丝绳外部加装管套成为主缆。钢丝长 2100 米，拧成钢丝绳直径约 6.9 厘米，重达 48 吨，钢丝绳加管套组装成主缆后重达 1.56 万吨。

悬索桥是悬起来的桥，将桥拉起来的是主缆。自身重量和所要拉起的重量巨大的主缆必须为自己找一个依托点，这个能让主缆有所归依、让桥安妥无忧的点在行内称为“锚碇”。锚碇是桥的锚，锚碇比锚幸福，因为桥和船不同，需要锚碇的悬索桥从不离开，永远守候在这里。

在桥梁界，阳逻大桥的骄傲点在锚碇上，它南岸的南锚碇在业内被称为“神州第一锚”，引人注目。

6 月的武汉阳光暴烈，阳逻大桥北岸公园的草和树还小，正在草地上工作的工人停下手里的活回答我的询问，他指了指南岸，告诉我那边桥尾一个楔形的混凝土建筑体是“神州第一锚”。

看到的“神州第一锚”平淡无奇，远没有来之前专家说到时的那种光辉，以我

的理解这是一个结结实实的水泥块，而且还看不到我原先预想的主缆和它联结时的力量画面，只是看到主缆进入它的身体里去了。

故事却像往常一样再一次藏在地下。南锚碇的基坑采用的是内径 70 米、外径 73 米、深 61 米的圆形地下连续墙，墙厚 1.5 米，比三峡工程的墙还厚 0.3 米，面积比两个足球场还要大，这样的面积在国内没有出现过。

南锚碇基坑距防洪大堤仅 150 米，防洪堤的安全从分量来说高过锚碇的建设。南锚碇的外挡水围幕，即施工的保护墙也成为堤坝的保护神，直径 90 米、壁厚 0.8 米、深约 52 米圆形挡水围幕，截断了围幕内外砂土层和江水。

南锚碇由中交二航局总承包，国内外八家企业分包，从确保长江大堤安全考虑，南锚碇基坑必须赶在汛期来临前完成。为赶工期，施工时，一百多台大型设备、三百多施工人员密集在直径 70 米、高 80 米的圆柱形施工区域中，吊臂林立、塔吊、挖掘机、推土机、土方车交叉作业，现场的施工管理人员曾说，口袋里的一支笔掉下去也会紧张得一哆嗦，因为这也可能酿成一个事故。

施工现场曾埋了两千多个传感器，随时监视施工地质情况。终于让南锚碇这个

现在建设的大型桥梁，每一座上都会有灯光设施，一般加装于护栏的外疥。在一些特定的时刻，灯光打开，在夜晚勾勒出桥的身材。很是吸引目光。

巨型楔块安全地插在了地下土层中，在消耗了钢筋1万吨、混凝土21万方后，它在泥土中接受了6万余吨大桥的重量。

阳逻大桥的桥面为混凝土和钢板粘合，而这种粘合是一个世界性难题。施工单位使用环氧沥青粘合以提高混凝土和钢板的粘合强度。这种沥青很“娇气”，施工时桥面不允许有一滴水。

阳逻大桥安装了GPS卫星监测系统，建立了GPS卫星定位、封闭式连通管液位挠度测试和动静态测试等多个子系统，对大桥进行长期健康监测，大桥稍有丝毫变化，多种监测设备会即时告知大桥管理者。健康状态时时处于监测之下的大桥，倒是比人要显得幸福了许多。

南北主塔分别高171米、164米，安装两部观光电梯，坐观光电梯可以直达高约130米相当于43层楼高的观景台上鸟瞰。不过，那两部观光梯并不对外开放。

阳逻长江大桥连接了京珠、沪汉蓉国道等主干线，也串起了武汉五大经济开发区，一批大型重型制造企业相继在周边建成投产，加速了武汉重工制造产业的聚集。

每天，231路从青山的群力村出发，走阳逻大桥至阳逻客运站，坐车的人花2元

阳逻大桥索塔的千变造型。

车钱半个小时就能到阳逻大桥。而原来从群力村到阳逻客运站，开私家车都要两个多小时。青山与阳逻地区之间快速靠近，这是当地坐车人在阳逻大桥的感受。

江苏润扬长江大桥、香港青马大桥、江阴长江大桥、武汉阳逻长江大桥，这是2009年国内悬索桥的跨度排位。排位算什么呢，那不过是孩子的身高，时时可能发生变化，对于桥，排名的意义永远抵不过立在这里的价值。

对于悬索桥来说，这个索是太重要、也太有力量感了。在相机的取景框里，它的表情明确，除了力量，还多了优雅，很有时尚达人的感觉。

在桥下，某时。

10 分钟后。

邻家小妹
[武汉军山长江大桥]

在中山舰被打捞起的地方，开始建设军山大桥。

1925 年 4 月，为纪念孙中山先生，“永丰舰”正式被命名为“中山舰”。1938 年 10 月，中山舰在武汉被日本飞机炸沉。1997 年 1 月，中山舰在湖北省武昌金口镇附近长江水域被打捞出水。

一年后，在中山舰被打捞起的地方，开始建设武汉军山长江大桥。

我们的车在武汉绕城公路上狂奔，寻找 2001 年 12 月 15 日建成通车的武汉军山长江大桥。当车终于停下，我拿着相机下车，发现快过 8 岁生日的大桥，有着让人惊异的崭新，容颜几乎和 2007 年年底建成，与和它一起连成武汉环城公路的阳逻大桥无异。

站在武汉军山大桥上，一有汽车从身边快速通过，会感觉到桥的震颤，桥好像在告诉你它的存在，它有感觉。

1998 年 12 月 30 日开工的军山长江大桥是武汉第四座长江大桥，这个老四也是京珠、沪蓉两条国道主干线跨越长江的共用特大桥，对于主桥的描绘有这些一些词语：“五跨”、“连续双塔”、“双索面”、“钢箱梁”、“斜拉桥”，桥长 964 米。

这座桥因主桥长度和跨径普通，而有了邻家小妹的平常。“邻家小妹”的出奇之处是，在索塔施工时，如果按常规施工隔离水和泥沙的围堰直径应达到 44 米，人们将围堰缩小到直径 33 米，然后给围堰两边加上了两个小耳朵。如果说原来俯瞰大围

瞬间

巨大的桥被天空的线拉动

正站在江岸看桥，天空忽然出现一道白线。细看，判定刚有一架飞机飞过留下痕迹。

而在镜头里，巨大的桥像被天空的线拉动，默默向右倾斜而去。

堰是个大盘子，现在的这个，则是方便双手端起的带耳小盘子，从 44 米到 33 米，从“大盘子”到“小盘子”，规模减小后节省造价近 4000 万元，这是一个不小的数字。

天热极，这是武汉的 7 月。从桥面再绕到桥下的辅道，无人无车。从堤上的台阶下到江岸，在桥巨大的身影之下，清凉不请自来。桥下没有人，抬头看桥，感觉只有桥和我在这里。

因为使用了一种“自动校正的”新理论，桥合龙时的桥轴线偏差仅 1 毫米，高程偏差仅 3 毫米。

在这座桥的资料里，少有提及的是，这座桥在建设中曾进行了十四项试验研究工作，为之后的桥梁建设提供了许多经验；资料里多有提及的是，这桥面净宽 33.5 米，是目前国内最宽的桥。

军山大桥

武汉 7 月的阳光之下，军山大桥桥塔千媚百态。对于现代大桥来说，桥的姿态集中在桥塔上。

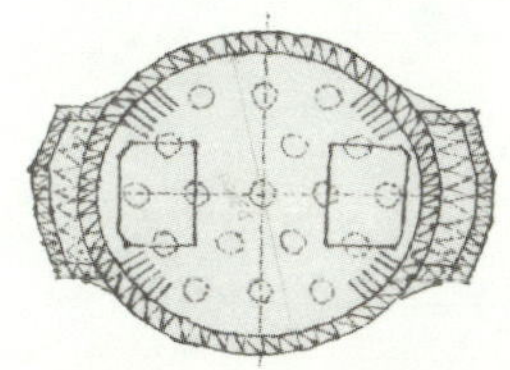

从 44 米到 33 米，从“大盘子”到“小盘子”，军山大桥围堰规模减小后节省造价近 4000 万元。

正午，安静的桥上，线条和色彩。
仅仅是安静，就能有全新的感觉。
军山是让人喜欢的一座桥，不张扬地存在。

正午，安静的桥上，线条和色彩。
仅仅是安静，就能有全新的感觉。
军山是让人喜欢的一座桥，不张扬地存在。

桥下
万物诸事皆可远

从正午到黄昏，我在军山大桥的桥上桥下留连。

在桥上的时候，太阳还热烈，光线将画面冲洗得洁净流畅，世界是桥的，色彩是桥的，线条也是桥的。

黄昏，楼下，江水、野菊和桥的身影。桥下了无人迹，站在桥的身影里，感觉这一个巨大物体的下面，细节也不过是平常平淡的。站在那里，万物诸事皆可远。

亚军
[武汉长江二桥]

流年似刀，即使是桥，也是一份相同的雨打风吹去。

95－57＝38。这是武汉在武汉长江大桥后等来第二座长江大桥时间，武汉人给这座三十八年后才出生的大桥取了个很家常的名字："武汉长江二桥"，平里，武汉人总是更简单地称之为"二桥"。

如果说老大到来时风光，那这个"老二"建成的时候，虽然全国性的激动几乎已没有，但是在桥梁建设的这个圈子里，1995 年在武汉长江大桥下游 6.8 公里处出现的这位新人，依然让人心潮澎湃。

主跨 400 米的武汉长江二桥为"双塔双索面预应力钢筋混凝土斜拉桥"，这个专业名称解释过来是：两个主塔、每个主塔为双面拉索、桥面为预应力钢筋混凝土的斜拉梁。如果不是专业人士，记下这桥是"斜拉桥"、"主跨 400 米"这两个概念就够了。

400 米在现在看来太过平淡，但是当时间是 1995 年时，新闻稿里说，武汉长江二桥主跨跨度在世界已建成的同类型桥梁中也名列前茅，在亚洲及国内已建成的同类型桥梁中位居第一，许多技术指标创下多项世界第一。不过在中国公路学会桥梁和结构工程分会中国现代桥梁的统计中，已找不到武汉长江二桥的名字和身影。

流年似刀，即使是桥，也是一份相同的雨打风吹去。"一座具有 20 世纪 90 年代水平和风格的桥梁，一些技术指标达到国际 90 年代先进水平"。现在再从大桥技术文件

上面是车，下面是菊
武汉长江二桥的两面

从一个不起眼的楼梯上到武汉长江二桥的上面，桥面上的汽车以行军的气势，声势浩大地滚滚而来，噪音已逼退你。
引桥下，像另一个世界的自然静谧。白色的野菊花开了，花朵的后面是那么随意地生长着的芦苇。
沿着人的脚印踩出来的小路，一直走到江水边。听说，这里是武汉婚纱摄影的取景地之一。

中看到对武汉长江二桥这样的评定，这当初显得低调的语言，在现在像青花瓷一样保值了。

武汉长江二桥的建成，结束了武汉市三镇交通由武汉长江大桥一线牵的历史，它与武汉长江大桥一起组成了28公里的内环线，环抱三镇45平方公里的繁华区域。

在武汉长江二桥通车前，桥南岸的徐东乡土气息浓厚，四处是农田、菜地，现在徐东成为武汉最成熟的商业区之一。

从沿江公园走过去，快到武汉长江二桥的时候，出现了大片的芦苇，很多、很自然地成长着，在这个华中最大城市的腹心。这些没有被管理和修剪的芦苇在武汉长江二桥下面成为芦荡，有脚步随意踩踏形成的小路一直通到江边，从过人高的芦苇里走过，不能接受这是在一个大城市的中心。桥下有钓鱼的人，不都是老人。

漂亮的
平淡场景里的美

走过许多大桥，发现武汉长江二桥的检修护栏是最漂亮的，至少在镜头里如此。
护栏上那些整齐地向外伸出的铁箭头，真实的作用不大，装饰的力量很大。
从桥下抬头拍摄桥，有时是拍不到什么的。其实，桥常常是单调甚至无趣的。在那种平淡的场景里，
用目光发现细节的一些别样、一些美，有惊艳时，感觉甚好。

三塔挽手
[武汉二七长江大桥]

2008 年 8 月 1 日开工建设的这座桥，预计工期为三年。

2009 年 6 月的那个正午我们赶过去的时候，看不到桥，却看到了一片灰蒙蒙的江水，桥还处于水下基础施工中，所有的忙碌都在水下。2008 年 8 月 1 日开工建设的这座桥，预计工期为三年。

这座武汉市第七座跨越长江的大桥总投资额达 48.2 亿元人民币，位于长江二桥与天兴洲公铁两用长江大桥之间，距长江二桥仅 3.2 公里。按武汉市车辆以每年 8% 的速度递增来估算，几年后全市机动车保有量将超过一百万辆，届时中心城区需过江的车流量将达到约四十万辆，地方政府希望它在未来能分流二成左右的过江车辆，缓解过江难问题。

第七位总长度约 6.5 公里，正桥的数字也不打眼：2922 米。技术数字选得很正统：设计时速每小时 80 公里，日流量 10 万辆，使用寿命达 100 年，防 7 级地震、12 级大风和 300 年一遇洪水，主通航孔桥墩能抗 5000 吨海轮撞击……这是目前所有长江下游桥梁的标准参数。

稍稍的不正统是采用三塔斜拉桥而不是通常的两塔，之所以是三，取武汉三镇之意。而这个三塔让桥建成后将成为世界上最大跨度的三塔斜拉桥和世界上最大跨度的结合梁斜拉桥，两个主跨均为 616 米。

2009 年的夏天，我们去武汉二七长江大桥时，工地上正在进行水下施工，看到江水一片，看到施工船来来去去，但还看不到桥的踪影。

桥出生之前，先是这样的设施出现，用于钻探地下地质情况，然后施工才会全面展开。

在长江大桥的施工现场，任何时候，即使是桥没有出现的时候，各种用途的工程船都在辛勤地工作。

资料说这将是一座有花瓶形主塔的桥，引得许多人去猜想那个花瓶的真实样子，毕竟花瓶形的主塔还没有过。那个“花瓶”将高 205 米，是七座桥中最高的主塔。

个性和未来，可能是这座桥心里坚持的。

钢铁
慵散地等

它们统称为钢围堰。对“围堰”这个词简单地理解，就是竖起一道墙。

在二七长江大桥工地的一边看到它们时，它们正在一片草地上安卧，等待被安装。

我围着它们转来转去，看到即使是钢铁，放松后也有慵散。一些力度，此时已慢慢收回身体里，只等待使用时再爆发。

钢围堰，建桥辅助用品。

大桥用钢筋笼，通常直径 2.8 米。

安静凤凰
[鄂东长江大桥]

这是一个让人听起来愉快的大桥改名故事，物尽其用、力尽公平的气息在其中很浓。这样的气息，能让当事者和旁观者都舒服。

尽管还未动工，准备建在黄石市西艾家湾的那座大桥已换了一次名字。

这座桥最初的名字是“黄石长江二桥”，作为沪蓉国道在黄石过江的桥。当另一条国家级的高速公路大（庆）广（州）高速公路湖北段开始准备建设时，过江问题被提出来，比选方案后，决定让大广高速和沪蓉国道共用“黄石长江二桥”。因项目涉及黄石、鄂州、黄冈三市，再叫“黄石长江二桥”就显得厚此薄彼，于是原来已定名的“黄石长江二桥”易名为“鄂东长江大桥”。

这是一个让人听起来愉快的大桥改名的故事，物尽其用、力尽公平的气息在其中很浓。这样的气息，能让当事者和旁观者都舒服。

2008 年，鄂东长江大桥开工建设了两年，再有两年，主桥主跨为 926 米的它才能完全建成。而这一年的 5 月，同是斜拉桥、主跨为 1088 米的苏通长江大桥轰轰烈烈地竣工。不仅仅是苏通大桥，同属斜拉桥的香港昂船洲大桥将比鄂东长江大桥提前竣工，这座桥的主跨是 1018 米，也比鄂东长江大桥长。

桥的主跨长度之争像是学生的分数之争，有些桥出生就是冲着第一去的，有些桥即使很大、很好、很重要，一生却都注定和第一无缘。桥如果有感觉，想必会多多少少有些郁闷。

没有建成的桥存在于想象中。
效果图是给那个想象的雕塑。

鄂东长江大桥的精彩之处是钢箱梁和混凝土箱梁结合使用，主跨为钢箱梁，边跨为混凝土箱梁，两者外形相同，在索塔附近结合。这是钢和水泥的对接，这种对接存在难度，就像是要把一块真丝和一块牛仔布针脚细密地缝合在一起。

索塔的造型有一个好听的名字："凤翎"式。从引桥望过去，索塔像是一只向天上直飞而去的想象之鸟凤凰，凤尾托着桥面，但是凤凰将不会飞去。"凤凰"的这个姿势将要保持一百年。当所有的风头都褪尽的时候，它会不会依旧心境平和地安然而立。

钢管"树林"
密集地站立，托起上方的桥面

在大桥工地，最容易接近的是引桥。主桥一般在水中央，靠近有难度。而引桥在岸上，到了工地常常是到了引桥下面。

一定程度上，桥越修越长，是引桥越修越长，主跨之争竞争白热化，因材料和技术所限，引桥总是从远处的低处慢慢地升起来，到了水边，多数已离地面几十米高。鄂东长江大桥的南引桥主体刚刚起来，到达那里的时候，它正被无数的钢管支撑着。准确点说，应该是在支撑和防护，在工地上简称“支护”。

混凝土浇筑后，凝固成形并达到强度需要一个过程，眼前的钢管直径有 30 厘米左右，高达一二十米，通体铁红色，几百根以间距一二米左右密集地站立，托起上

方的桥面。

眼前看到的是一片“树林”，只不过是没有枝叶，没有生命，树身是工业的产儿钢管，它们整齐统一地沉默站立。在其中行走，如冲进后现代主义的大片中，感觉异样的同时想到，桥的每一米其实来得都不甚容易。

这样的钢铁“树林”让人一边觉得肉体脆弱，一边觉得人力伟大。

工地观察
多感受的风景之地

“去工地看看。”建筑行业的人会对来访的客人这么说。

一个行业外的人去工地，这件事用什么词来表达比较好？

用“旅游”这样的词当然不行，“户外运动”也不妥，但是工地是新奇空间，有别样景致，也有知识和人情，这些和前两者有相通的气息。

工地，是另一种意义的风景地，有独特的工业味道。

大桥工地，多被田野簇拥，远处江水茫茫。许多的钢铁，不知名的机械，属于少观赏性、多感受性的那类景观。

桥面上的机械，不知道名称，不知道用途，只看到钢铁和钢铁原生态般的组合后，用于去移动另一些钢铁之物。

植物
核心的力量

钢筋是工地上生成的植物，它们密集地出现，站立、卧倒或者以其他的姿势出现，它们的存在代表着安全。一个物品如果有了这样的意义，应该是幸福的。

这些“植物”，在桥修好后被“收割”，它们的一部分深藏在桥的身体里，成为桥的核心力量。

在斜拉桥和悬索桥的施工现场，桥塔因为高度，是最突出的部位，天生是桥的视觉代表。

靠近

100 米，50 米，0 米

眼前这个巨大到生猛的建筑物，有时被称为“桥塔”，有时被称为“索塔”。对斜拉桥和悬索桥，因为要由它来支撑和传递桥的受力件——缆索带来的力量，它又称“索塔”了。

它在那里，我们靠近。

距离改变，100 米，50 米，0 米，感觉和形象如巨人，一步一步逼近了，直到凶猛地耸立在你的头顶之上。

抬头看桥塔的距离。

100 米

50 米

0米

180 米

站在 180 米的平台上，望去

在郊外平坦的田野上，树木因为那一点垂直高度也能直扑过来进入你的双眼，鄂东长江大桥 200 多米高的索塔，在千米之外就已进入了靠近者的视觉。

鄂东长江大桥的索塔的造型有一个好听的名字：“凤翎”式。我们从武汉出发走了两个多小时，快到鄂东长江大桥的工地时，从车窗远远看去，已高高耸立的索塔在我看来，更像是一个中学时代用的圆规。后来，我爬到这个“圆规”上部 180 米的地方四望时，更觉得圆规要比凤凰的形象好。那青灰的索塔塔体和铁锈色的钢铁平台，让我这样一个业外人更认定，圆规这样一个代表精确的强硬、清晰的形象，比总是处于想象中谁也没有看到的一只鸟儿，更适合于一个桥的形象表达。

这边这个索塔已封顶，停止下来，等那边的慢慢长得和自己一样高。工地很安静，阳光灼热。我找到机会，打算坐升降梯升到塔顶 180 米的位置。

工地上的升降机和城市里的电梯原理相同，不过缺少装饰，简单自然，我站在它面前的时候，觉得这只是一个铁丝网包裹的钢铁笼子，我们要像物品一样被升降机送上高处。

门关上的声音是钢铁与钢铁硬生生的碰撞，在这个不到两平方米的空间里有润滑油的气味，一边的墙上，有那种工业式的红色和绿色的按钮，还有带把柄的电源开关。专门负责开升降机的人在扳动那些机关，站在里面的人都从头到脚小小地震动了一下，升降机向上移动。

上来之前，工地上的人不止一次地问我是否有恐高症，当高度一点一点增加，这孤零零的笼子在天空下小可怜一样，四面通透，小薄片一样上升，如此弱微。

这不是一个垂直的升降机，它依索塔的一侧边框而建，索塔的造型是两边以一定的角度慢慢向中心倾斜汇集，升降机也就那慢慢地倾斜着向上走。最后，我们站在 180 米的平台上，向四周望去……

通常的风景，在 180 米高的地方缩小了。

还在铺架桥面的长长的引桥。

平台有一部分只是铺了钢丝网，可以看到脚下的船。

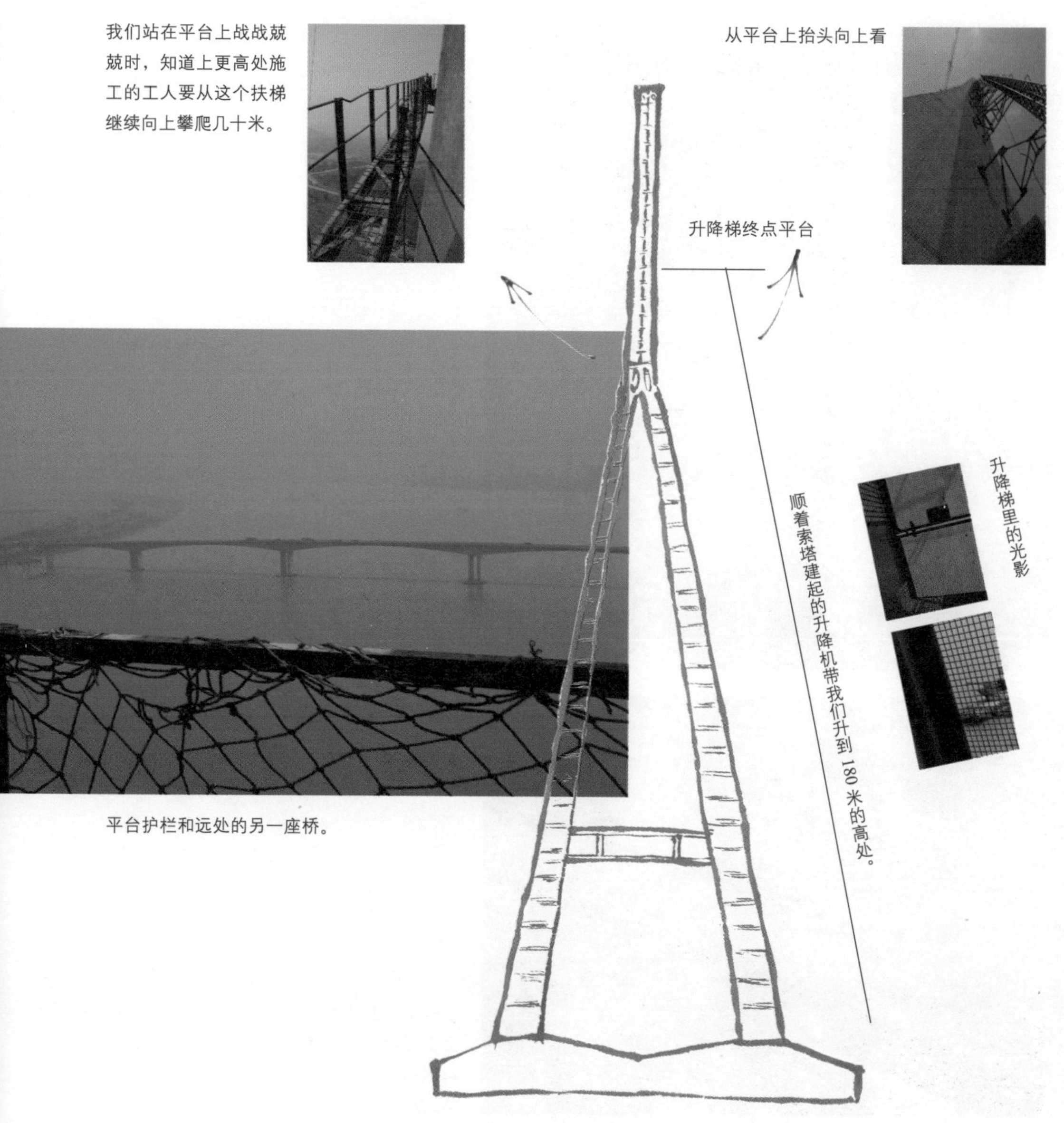

我们站在平台上战战兢兢时，知道上更高处施工的工人要从这个扶梯继续向上攀爬几十米。

从平台上抬头向上看

顺着索塔建起的升降机带我们升到 180 米的高处。

升降梯里的光影

平台护栏和远处的另一座桥。

在升降梯终点的平台上看桥面，施工用的钢制品组成独特的画面。

不远处的料场。

图画

钢铁的，现实版

钢筋，不同的长度和粗细。

模板，形状尺寸相同，放置时的心情不同，现在它们呆在那里的感觉就不同。

还有其他的零碎：几块钢板，几个支架……

它们在这里，随意地，没有用心地，却也有了画面。

NO4.

NO4. 南京

南京（城），南京长江大桥，
南京长江二桥，南京长江三桥

南 京

长江到了南京，有了王气。小学语文课本上，天安门的画面后面是南京长江大桥。

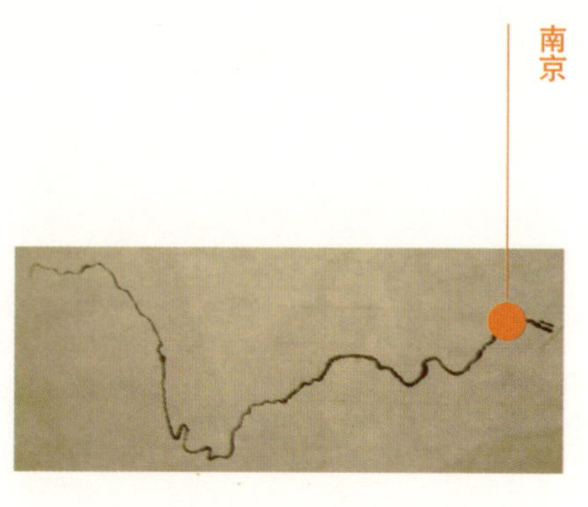

长江向东海而去，前行到南京这里，王者之气适时爆发了。

在城市南京的出生和成长过程中，长江承担了摇篮、校园的作用，当然也可以将长江理解为是南京的丰厚家世，长江让占有地利的南京更有背景了。南京多次成为中国历史上不同王朝的首都，以至于说到南京，文人墨客和市井百姓总是习惯性地要给南京加上“六朝古都”之句，这其中，长江的功劳不可没。即使不作为都城，南京也是有分量的，从五代十国开始，不作首都，它就持续地保持着政治、经济、文化有重要影响城市的优越身份。

南京除了长江，市内有秦淮河、玄武湖、莫愁湖等河流湖泊。六朝金粉地，十里秦淮河，秦淮河和那些湖泊都是一股江南的阴柔之气，和此时水面越来越广阔的长江的气质完全不同，但是这地界，皇帝也不过是个过客，时光不同，世事不同，相同的是都得造桥。

考古人员在南京发现了内桥，从时间推测这是南唐后主李煜“雕栏玉砌应犹在，只是朱颜改”的“雕栏玉砌”。当李煜发出皇帝身份文人情绪的感叹时，他每天进出皇宫，必走“大内之桥”，即是今天的“内桥”。“内桥”的位置，处于南唐都城中轴线的核心部位。

上个世纪60年代后出生的人，对南京的概念几近全部因桥而起。记忆里，小学一年级的语文课本，第一页是“我爱北京天安门”，下一页就是南京长江大桥。1968年建成的南京长江大桥，是中国人自力更生建设国家的代表作，厚重的历史身份和现实的交通功能，让这座长江上的第二座桥优势明显。

南京长江大桥是唯一入选小学语文课本的当代桥梁，被誉为“20世纪南京唯一可与中山陵齐名的伟大建筑”。

曹庆春是个老南京，他醉心于寻访南京所有的桥。每座桥都是一段历史，都是一个故事。他不但找到了所有秦淮河上的桥，还探访了几乎所有城区湖泊、护城河及南京段长江上的桥。目前这位寻桥人已经找到一百四十多座桥。

把曹庆春找到的一百四十多座桥在南京地图上一个一个标出来，就会有两个发现。

为什么有那么多帝王选择南京做首都？因为东边的月牙湖，南边的秦淮河，北边的玄武湖，西边的长江，为南京建起一圈天然的“护城河”。在无桥少桥的年代，这是老天爷送给皇帝们的“防御工事”。

为什么有人说桥的历史是南京城的另一份成长纪录？因为当乱敌远去，战争结束，南京的江河不再是温暖的保护，而是成为让人讨厌的阻碍，对桥的渴望随着南京城的长大越来越强烈，不同时代均建桥，越是安定富足的朝代建桥越多，质量和技术越高，桥是历史的实体雕塑，在南京这里更具代表性。

这是一个桥的城市，出门就意味着要过桥。中国的地名常常源于两种情况，一是地理环境，一是政治色彩，南京的地名中以桥为名的有许多：铁心桥、河定桥、赛虹桥、迈皋桥……

1984年，后来撰写了《大红灯笼高高挂》的作家苏童，从北京师范大学毕业分配到南京艺术学院工作。艺术学院在虎距北路15号，离大桥很近。当时是工艺系辅导员的苏童，之后对这段生活的回忆是：啤酒、夜间写作，每天凌晨，黎明前的黑暗中，那么清晰地听到窗外从大桥那边开过来的满载着鸭子的卡车过桥时车轮特有的声响，以及鸭子们欢乐的、唧唧喳喳的气息……南京人的生活，就是这样日日夜夜和桥纠结在一起，只不过一般人不善表达。

从1968年走到2009年，南京在长江上拥有了三座大桥，分别是南京长江大桥、南京长江二桥和南京长江三桥。能在大街上端着碗边走边吃视街人无睹、有着闲云野鹤般性情的南京人，给长江上的桥们起的是淳朴和自然的名字。

南京还有两座大桥处于建设中。京沪高速铁路的大胜关长江大桥，建成后将是世界上唯一的六股道铁路桥。南京长江四桥，它的偶像是美国旧金山桥，但是它比偶像跨度大出一百三十多米，雄壮将是必然的。

一座住宅的设计寿命为五十年，一座大桥的设计寿命在一百年以上。这个世纪所兴建的那些卓越的桥，我们绝大多数人看不到、听不到它最后的真实得分。

2004年，在第16届全国桥梁学术年会上，南京长江大桥、南京长江二桥分别入了“十佳”。这是建国五十五年以来首次全国“十佳”桥梁评选，全国十座，江苏就占了两座。这应该算是南京桥们的期中考试成绩。

未来的南京城市规划中，四十多公里长岸线上，将出现十一条过江通道，“跨江如履平地”，这将是南京和长江的新关系。

公共纪念物

[南京长江大桥]

集政治、经济、精神、民族情感等诸多符号于一身的南京长江大桥，到了今天依然是南京的标志形象之一。

这是南京长江大桥的招牌式形象。

1968年的12月29日，南京阴雨，5万人冒雨参加南京长江大桥通车仪式，首先是红色的信号弹腾空而起，在一片鞭炮和锣鼓声中一百多辆载着南京工农兵代表和红卫兵小将的彩车徐徐通过大桥。“伟大领袖毛主席万岁！万岁！万万岁！”的欢呼声很响亮。

欢呼声里除了那个时代特殊的激情，另一个核心的原因，是因为这是中国人自己设计和建设的第一座大型跨长江现代桥梁。自己的、第一次，在任何时候都有一种独特的吸引力。对于一个经济不发达的国家，其中的意味更为深远。

1958年，南京长江大桥开始勘测。两年后的1960年1月开始真正动工，当刚刚打下第一个桩，中苏关系恶化导致苏联专家带着图纸离开，中国人开始独立修建。此时三年自然灾害又降临，在政治和自然环境的特殊环境下，进度一度缓慢，八年后即1968年9月铁路桥通车，12月29日公路桥正式建成通车。

这座代表了中国人独立意志和能力的大桥，把中国南北交通大动脉津浦路和沪宁路连接了起来，把大江南北的公路交通连接了起来。大桥的结构为双线、双层铁路和公路两用桥，铁路桥长6772米，公路桥长4589米。

江中正桥下层铺设双轨，南来北往的列车可以同时对开；上层宽阔的公路桥面，

可以并列行驶四辆大型卡车。正桥两端，矗立着四座巨大的人物塑像。两岸公路引桥接近市区的部分由二十二孔富有民族特色的双曲拱桥组成。

南京长江大桥集政治、经济、精神、民族情感等诸多符号于一身，从建成的第一天起就成为南京的标志性建筑，并且当仁不让地强势介入了南京和南京人的生活：大桥牌自行车、印有大桥形象的长江大桥牌香烟、大桥饭店。直到 2009 年 8 月，南京的一家报纸仍将南京长江大桥称为：南京地标之首。

有人说，南京长江大桥从它诞生的那一刻起，就不可避免地成为了中国人一个非常特殊的集体记忆，它是一个内涵极其丰富的符号。它是一个政治符号，建成于一个特殊的年代，就必然带上了那个时代的烙印；它是一个工业符号，它是当时中国建桥史乃至世界建桥史上一个奇迹；它同时又是一个精神符号，独立自主、自力更生的精神在它身上得到了完美的体现。更重要的是，它正在成为历史，但它同时又是现实的一部分。这座建成于 1968 年的庞然大物，在南京，乃至在中国，其影响都是不可替代的。

但是，它确实老了，双向四车道显得拥挤不堪，人行道上的电动自行车和小摩托车往往是贴着行人驶过。许多人兴致勃勃地在大桥上留影，不过滚滚车流在提醒人们，这里似乎已经不适合旅游了。大桥两边的公园倒是南京人休闲的地方，一个闷热的夏日里，有人在唱歌，有人在跳舞，有人在打牌，还有人和我们一样，到处好奇地拍照。

用非专业人士的眼光看，南京长江大桥的钢结构再过百年也依然动人。

小名“南汊”
[南京长江二桥]

邓小平遗体火化的那天下午，国务院总理办公会议，通过了南京长江二桥工程可行性研究报告。

南京长江大桥毕竟建设、建成于上个世纪60年代。当时科学技术水平的限制使大桥的行车道宽仅为15米，公路桥设计机动车日流量仅为1.5万辆。80年代中后期，尤其是进入90年代，南京长江大桥成了四条国道、五条省道的唯一过江通道。

2010年，即使通过江阴长江大桥和临近省市其他长江大桥分流，南京地区过江日交通车辆仍将超过11万辆。如果这些车辆全部从长江大桥上通过，那么，在高速公路上像豹子一样奔驰的车辆，上桥后即刻成为蜗牛；如果仅在长江上增设轮渡，南京江段的渡船将成倍增加，既影响过江速度，又会成为长江航运的隐患。

南京急需再建造一座长江大桥。

1997年2月24日上午，一代伟人邓小平遗体火化。就在这天下午，国务院召开总理办公会议，集中讨论包括南京长江二桥在内的一系列重大项目。傍晚，一个消息传出京城：国务院通过了南京长江二桥工程可行性研究报告。八个月后，南京长江二桥正式开工建设。这种审批速度前所未有。

年底，南京人民投票将南京长江二桥开工建设评为“1997年南京市经济与社会发展十件大事”中的首件大事。四年后的2001年3月26日，大桥建成通车。

长江流经1968年建成的南京长江大桥后不远，被江心的八卦洲分为南北两汊，

南汊是主航道，水深流急。南京长江二桥在建桥业内的小名是“南汊”。因为南京长江二桥的关键是南汊主桥。628 米的南汊主桥，当时在钢箱梁斜拉桥中居国内第一、世界第三。第一是日本的多多罗大桥，第二是法国的诺曼底大桥。

南汊主桥的关键是两个深水基础工程——两个桥墩，是当时国内最大的深水工程。每个桥墩内有 21 根直径 3 米、长 83—102 米的钢管桩。要造桥墩，先要制作重 1 万多吨、直径达 36 米、高 54.23—65.5 米的钢围堰。将它固定到江底，把动水围成静水，随后清基封底，钻孔灌注桩。

另一个难点就是桥面的吊装。整个钢箱梁桥面长 1238 米，重 2.3 万吨，由 93 块组成。每一个标准段长 15 米，宽 38.2 米，高 3.5 米，重 260 吨。长 5 米的中型汽车的载重量多是 3 吨左右，加上自重，260 吨相当于把近 70 辆中型载重汽车连货带物一次吊起来。

南京长江二桥的桥面是在钢板上只铺 5 厘米厚的沥青，桥面钢板首先要打磨好，打磨后的桥面要光亮亮的，不能有一个锈斑。有锈斑的地方就是桥面易损坏的地方。按国外的经验，业主和监理最后要跪在桥面上，用放大镜把 4 万多平方米的桥面都仔细检查一遍。

南京长江二桥的建成为分处桥两头的南京经济技术开发区和南京高新技术开发区带来了发展机遇。以前，不止一次，因为不满长江大桥拥挤的交通状况，不少对这两块开发区的投资环境很感兴趣的外商们因天堑长江望而却步。南京长江二桥通车后，拉近了开发区与主城之间的距离，开发区与上海浦东之间的路程也缩短到了三小时。一批著名企业，开始纷纷进区落户。

不过，和南京长江大桥相比，南京长江二桥似乎离南京人的生活远了一些。2009 年 8 月的一天，当我们前往二桥公园，显然要清冷很多。闷热的中午，公园里很平静，只有大型车辆从大桥上通过带来的震荡声；登上观景平台，空无一人，可以尽情地拍摄。

钢之物语
[南京长江三桥]

南京长江三桥索塔高 215 米，相当于两座金陵饭店的高度。当时中国没有一座钢塔桥。将钢塔柱设计成弧线形，这在世界上也是第一次采用。

南京长江三桥（简称南京三桥、三桥）距南京长江大桥仅 19 公里。就三桥的位置而言，南京在南京长江大桥建设后，首先应该建设的就是三桥。但是因为八卦洲，二桥提前到三桥前面建设。不过，三桥和二桥几乎是孪生，南京三桥在二桥建设初期就已经开始了前期规划。

南京三桥是上海至成都国道主干线的重要组成部分，前期工作于 1998 年开始启动，一些技术人员是一边建二桥，一边做三桥规划。

设计方案提出将南京长江三桥建成中国第一座钢塔桥。当时中国没有一座钢塔桥，但是，美国和日本已经建设了大量的钢塔桥梁。钢塔桥可以缩短建设工期，减轻桥梁自重，提高结构抗震性能，增加结构安全度。虽然有着诸多的优点，但在没有经验的情况下，这可是一个挑战。

南京三桥索塔高 215 米，相当于两座金陵饭店的高度。桥采用钢砼塔身设计，下横梁以下部分为砼塔身，以上部分为钢塔身，这在全国尚属首创。考虑到要让中国首座钢塔斜拉桥有所创新，看起来更美，钢塔柱被设计成弧线形，这在世界上是第一次。

南京三桥索塔为人字形，下部为混凝土结构，其他为钢结构，钢塔柱高 215 米，分为88段，每段平均重约137吨。每段要贴在一起传递重量，因此每段的金属面之间的缝隙要求连薄如纸片的钢尺都不能塞进，并且不能有任何摩擦或碰撞，因吊装难度之大、精度要求之高，以致像是在国内乃至世界桥梁界表演峡谷走钢丝。

钢塔柱的单节重量在130—180吨，最大起吊高度超过200米，要求相应设备起吊能力超过3000吨米。为此，承包商从法国为南京三桥量身定造了两台钢铁大力士。大力士身高252米，自重900吨。正是利用这两台塔吊，仅用五个月的时间就完成了三桥钢塔全部吊装任务，比一般的混凝土桥塔施工提前一年时间。

在做钻孔灌注桩的时候，一个钻头脱落了，几经努力没有打捞上来。有专家认为，埋在下面对大桥的寿命不会有什么影响，可以不再打捞了。但是建设者还是千方百计地使用了100米深的探测仪，把它打捞出来。这样，才有百分之百的安心。

南京三桥只能远观了。桥上没有人行通道，驱车上桥，平坦快捷，从窗户张望大桥，似乎只是一个惊鸿一瞥的影子。这是一个高亮度的灰白物体，高耸的钢塔、轻盈的箱梁、整齐的拉索，组成了一个城市景观。

◎

名称：索塔
材质：钢铁

这个索塔因为材质是钢铁的，而在镜头里有了一些别样的光泽和精致的曲线。
索塔像是一件衣服，款式重要，质地也很重要。

俩来者
[大胜关长江大桥]
[南京长江四桥]

大胜关长江大桥也是一座创下数项世界纪录的大桥。而南京长江四桥外观类似著名的美国旧金山的金门大桥。

2009年，南京还有两座著名的大桥正在建设之中。

一座就是南京三桥不远处的大胜关大桥。在岸边看，这两座桥的距离似乎不到一千米，这或许是长江中下游距离最近的两座大型桥梁了。大胜关大桥也是一座创下数项世界纪录的大桥。建成之后，四十多米宽的桥面上将铺上不同的三种轨道：时速300公里的高速铁路、时速200公里的一级铁路、时速80公里的城市地铁。大胜关大桥也是著名的京沪高速铁路跨越长江的关键。

这座蓝色的钢拱桥是长江中下游唯一的一座拱桥，2009年9月底，它赶在新中国成立六十周年前合龙，站在很远的地方，也能看到它蓝色的钢结构。

另一座就是在南京二桥下游约10公里处的南京长江四桥。与已建成通车的长江二桥、三桥不同，根据初步设计推荐方案，长江四桥将建成南京一座主跨1418米的悬索桥，外观类似著名的美国旧金山的金门大桥，但主跨比金门大桥还要长130多米，建成后将更加雄伟、壮观。桥面为双向六车道，设计时速120公里。

据测算，到2012年，南京长江大桥交通量平均为43186辆/日，四桥为28565辆/日。精确到个位的预测显示了南京长江四桥的未来责任。

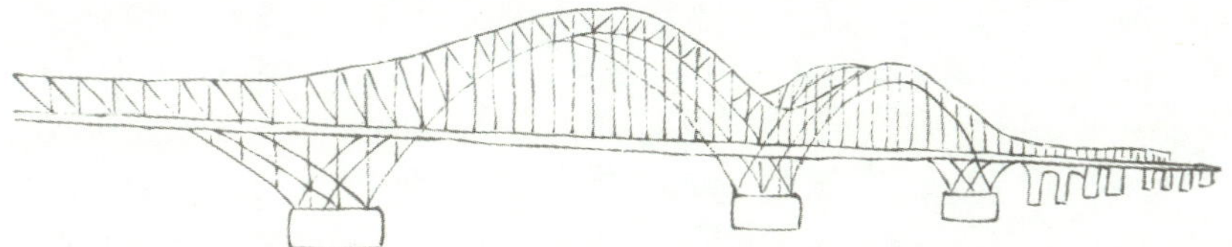

南京大胜关长江大桥

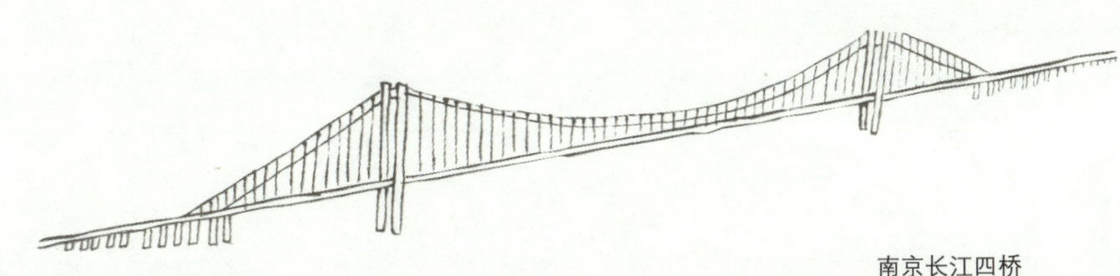

南京长江四桥

NO5

NO5. 上海

上海（城）上海长江大桥，苏通长江大桥，润扬长江大桥，泰州长江大桥

上海——长江三角洲

上海之上，那些建设在年轻的长江三角洲冲积平原上的超级大桥。

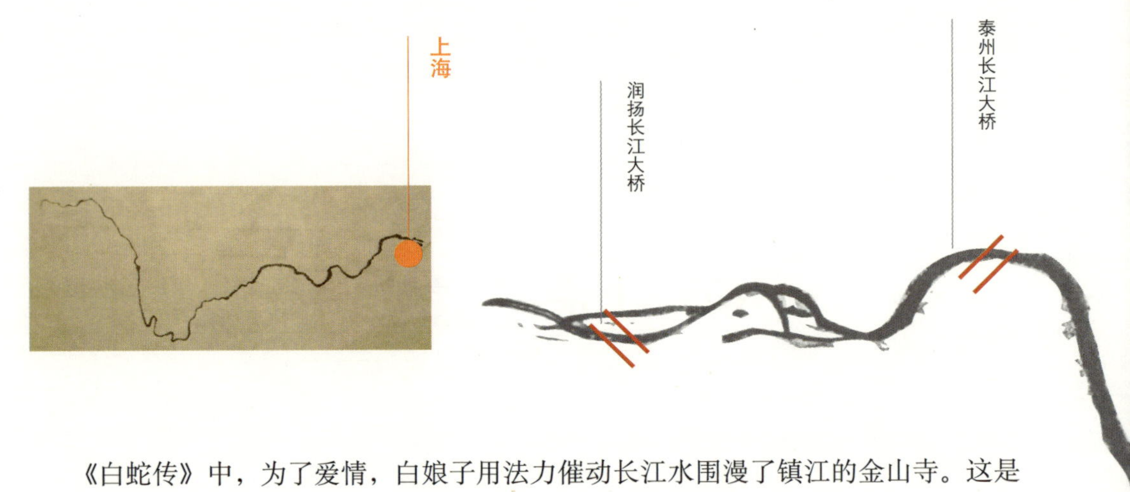

《白蛇传》中，为了爱情，白娘子用法力催动长江水围漫了镇江的金山寺。这是一个无法考证的神话，据可考资料，六七千年前，长江在镇江一带入海。几千年来，奔腾万里的长江到了这里终于变得舒缓起来，从上游携带的大量泥沙不断沉积，并将出海口不断推向大海。最终，形成了长江上最大的冲积平原长江三角洲。

沧海变桑田，地质意义上的长江三角洲：西至镇江，东到海边，北起通扬运河，南抵杭州湾。这是长江流域最年轻的陆地，它的形成，远的不过数千年，近的仅有数百年。这是一片坦荡的大平原，只有少数小山丘像孤岛一样矗立在平原之上。

它的东边，上海，从春秋时期的小渔村变成了繁华的国际大都市。以上海为中心，这里形成了世界第五大城市带。在经济学家眼中，这片地质上最年轻的土地是中国经济最有活力的地区。

在谷歌卫星地图上可以看到，长江在这里骤然开阔。横渡浩淼江水，变得更加困难。因此，历史上有几个王朝曾在此盘旋，或据险以自守，或引江以偏安。

对于桥梁建设者来说，难度也在增加：江面更加开阔，水流并未减弱，承载大桥的地质基础因为年轻而不稳定。

但是，人们并没有放弃跨越天堑的努力，或者是更加勇敢地挑战自我极限。顺流而下，用了十五年时间，中国人建设了润扬长江大桥、江阴长江大桥、苏通长江大桥、上海长江大桥。而且，润扬长江大桥和江阴长江大桥之间的泰州长江大桥、崇明岛到启东之间的崇启长江大桥也正在建设之中。

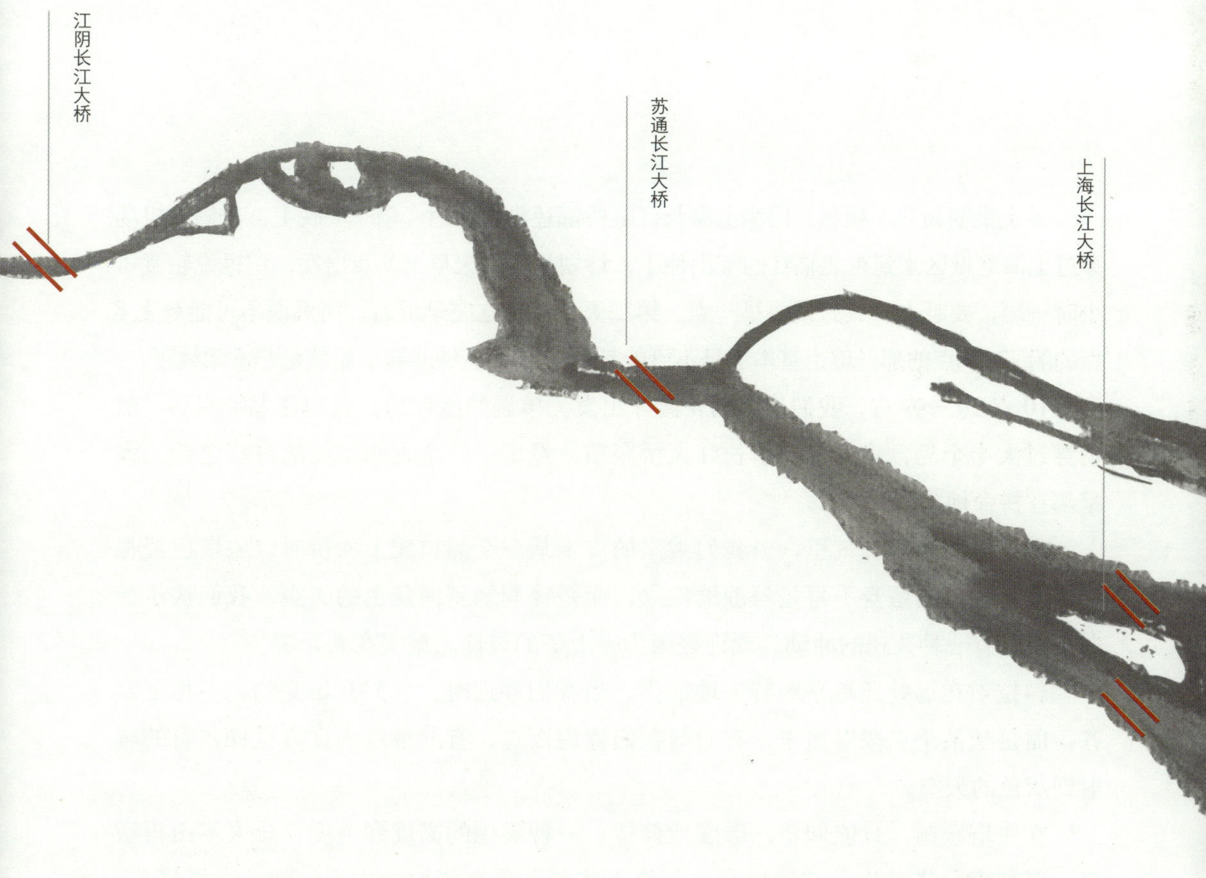

天际线上的“人”字
[上海长江大桥]

这是一个包括上海长江隧道、上海长江大桥、崇启大桥、崇海大桥及相关接线道路等组成的大项目，总投资超过100亿元。其中上海长江大桥于2009年建成。

登上崇明岛并不顺利，因为上海长江隧桥都还没有开通。前一天晚上，我们从机场穿过上海老城区来到东北临江的宝山住下，计划是第二天早上8点出发，司机说轮渡每小时一班，要赶上8点的就要早一点。第二天7点半吃完早饭后，司机说不可能赶上8点的船了，9点的那一班也基本上是不可能赶上了，10点钟能够上船就是非常幸运了。

10点20分左右，我们坐上的轮渡才出发。单调的旅程后，我们登上崇明岛，然后穿过大半个岛，终于来到了长江大桥跟前。经历了一个乏味沉闷的过江之旅，大家都在拼命地按下快门。

在这个阴霾的天气里，当我们乘坐的皮卡从一个豁口爬上大桥时，主塔已经很清晰了，白色的塔身不再是静静地伫立，而是锋利地刺向灰色的天空。我们快步趋向主塔，有一种久违的冲动。或许是因为一上午的过江之旅实在太无聊。

斜拉索在远处还是平顺整齐地铺排，当我们靠近时，它们开始变幻，不再是整齐，而是从某个点辐射而来，有的与我们擦肩而过，有的继续向远方延伸，有的辐射到灰色的天空。

在主塔跟前，只能仰望，谦虚地仰望，一种震撼的高度和力度，让人不由得敬畏。斜拉索从塔身生长并辐射开去。终于找到了那个辐射的中心，就在主塔塔尖。

当长江就要投进大海的时候，长江上的这座离海最近的桥，优美地延伸，有了跨海大桥的味道。

稍微后退或者向前，从主塔的视觉重压里略微后退，运动重新变成了静止。斜拉索对称的分布在主塔两边，平静而轻盈，举万钧如无物。在这清冷阴霾的天气里，我们感到一种宁静，虽然江风呼啸。

一路走过，线和面交织变幻，动和静此起彼伏。这个灰白色的、单调的、壮观的、蜿蜒的桥令我们着迷，这也是长江逆流而上的第一座桥梁。主塔以一种格外坚决的方式刺向天空，斜拉索呼啸着辐射或平行而来，桥墩冷静地从水中拔出，路面在蜿蜒而去、全然不是想象的笔直。我们则在翻来覆去地拍摄。

桥面还没有完全连结，为了解决热胀冷缩的伸缩缝还在安装过程中。从钢箱梁之间巨大的空隙中可以看到江水和主塔基础的激荡。战战兢兢地从一架梯子走下去，钻到箱梁里面，伸手不见五指，只能用相机拍摄之后才能看见里面是什么。巨大的空间，你可以昂首阔步。突然之间，一辆作业车驶过，压过临时钢板，巨大的声音，让人骤然紧张。

桥面上，工人还在安装护栏，白色的栏杆、白色的拉索、白色的桥塔，以不同的角度在江面上舞蹈，又在灰色的天空中凝固。

700平方公里的崇明岛是长江口最大的冲积岛，也是中国的第三大岛。但是，被长江阻隔的崇明、长兴二岛无法与大上海同步发展，建设一条跨越长江直通二岛的陆上交通是人们长久以来的企盼。随着浦东开发和上海土地、岸线资源日趋紧张，这两个岛屿的开发被提上议事日程。今天，长兴岛已经成为一个巨大的装备制造基地，崇明岛则计划以迪斯尼公园为契机成为一个现代休闲和娱乐基地。这都需要便捷的交通。

在长达十年的讨论之后，2003 年 2 月，崇明越江通道工程项目建议书终获国务院批准立项，十八个月后，崇明越江通道项目可行性研究报告在 8 月中旬正式获国务院发改委批准。

这是一个包括上海长江隧道、上海长江大桥、崇启大桥、崇海大桥及相关接线道路等组成的大项目，是交通部确定的国家重点公路建设规划中上海—西安公路的重要组成部分，总投资超过 100 亿元。

其中，上海长江大桥拔得头筹，于 2009 年建成。作为长江门户第一桥，天气好的时候，浦东机场起降的飞机能够看到这座秀丽工程。

这座长江大桥的主塔造型不同于杨浦大桥的倒 Y 形、徐浦大桥的 A 字形、南浦大桥的 H 形，而是形如“人”字，平直的桥面从腰际穿过。大桥跨江段 10 公里，全桥长 17 公里，设计方案为技术成熟的斜拉桥桥型，按双向六车道设计，时速为每小时 100 公里。为满足长江口黄金水道的最大通航需要，连接崇明岛和长兴岛的大桥主通航孔跨径达到 730 米，这一跨度能满足规模 3 万吨的集装箱货轮及 5 万吨的散装货轮的双向通航要求。

这里，特殊的自然环境、独特的塔柱造型以及跨度都增加了施工难度。上海长江大桥所在处，是年轻的软土冲积层；长江口水流要比上游更为复杂，海潮和长江来流的共同作用，容易使河床条件发生变化。这对设计和施工都是新的考验。

虽然上海已经在黄浦江上建成数座大桥，但都是一跨过江，而长约 10 公里的上海长江大桥除了主跨 730 米的主航道桥以外，还有辅航道桥、深水区引桥、浅滩区引桥等。

上海长江大桥给崇明岛、长兴岛带了便利，可以真正成为上海的一部分。通过长兴岛到浦东的 9 公里的隧道，两个岛能够在 40 分钟内抵达上海中心城区。

瀛东村在崇明岛的东端，大桥贯通给一位十年前得了帕金森综合征的老太太带来一丝欣慰，因为她的老伴一个月要陪她去一次长海医院，今后他们就不用在车和船之间没完没了地换乘。瀛东村的“渔家乐”将会更加闻名，大桥开通后，村民们乐观地认为，他们的生意肯定会更好。他们担心的，反而是目前人手不够，只能一人身兼数职。

这座有着白色护栏的桥，在走进江水后，甩出了巨大的身形。

这是一座建成还处于封闭中的桥，桥面的沥青还没有铺，可折叠的黄色护栏立在桥的中心，四处无人，安静无声。

只有很少的工人在做收尾的小活。
人在桥面前显得很小，桥却是由人建起来的。

安全帽级别

多数时候，施工现场并没有轰轰烈烈的气氛，反而有些零零碎碎之感。大型机械到来，让人山人海的热闹建设场景消失了。但是，会有许多单位在此一起工作。白、红、黄，有杠、无杠、几道杠，在多家单位施工的建设现场，一顶帽子划出层次，具体的关系依靠于这头顶上简单的标识。

进入桥的施工现场，所有人都必须戴安全帽。无意间发现，递给我的安全帽都是白色的。

于是有意去问，知道在施工现场，你的安全帽的颜色已表明了你的身份。

安全帽的颜色一般分白、红、黄三种。上级领导、来宾戴白色安全帽，帽子上还有三道蓝杠。白色安全帽，有尊重的意味，表明此人是上级和客人。

红色的安全帽分为三种，两道杠的、一道杠的和无杠的。两道杠红色安全帽是承包单位领导、项目部领导用的。普通管理人员是一道杠，普通工人无杠。

黄色安全帽是分包人员戴的，没有杠。

红色和黄色的安全帽上会印制公司名称，白色的没有。

桥面上护栏安装的人和乘吊篮上升到斜拉索的高处去调整的人，都很普通。

坐着升降机升到在几百米索塔上的人，看不清他们的面目，只看得到他们衣服的颜色，衣服是宝蓝色的，帽子是红色的。

江北的启东也在满怀希望地等待，作为上海浦东到江苏启东过江通道的一部分，崇明岛到启东的大桥建成之后，江苏启东也即将通过这一通道融入上海一小时经济圈。这里的“吕四渔场”是全国四大渔场之一，启东人一直在盼望能够将水产方便地卖到上海去。

2009 年 2 月，工程还处在开工前的准备阶段。从长江大桥下来，我们准备从崇明岛去启东，赶到渡口，不到 2 点半，船刚刚开出几百米——我们又错过了，还需要继续等待。半小时后来了一条船，但这一次是货车摆渡。6 点钟之后，船来了，上船继续等待，然后昏昏欲睡地过江。

看来还是需要一座桥和很多桥——我们同样发出了叹息。也许启东人有着和我

安静
安静地看，看细节

这一次有机会这样安静地看桥，在上海长江大桥上看桥的细节。
面对这座斜拉索桥，镜头拉伸后，出现在取景框里最强烈的线条，是桥两边的斜拉索。它们图案简单，快速地飞出画面，有力度，有节奏，很张扬。
只要你的相机稍一转动，就有那么多的变幻立刻到来。
实际上，它们永远静止，不会改变，动的不过是你，在一秒钟或一厘米之内，眼前已不同。
那天天气不好，阴冷。天在画面里是背景，这个背景很暗很灰白很巨大，白色的斜拉索在这个背景里变身为不清晰的黑色。

们一样的叹息。崇启大桥终于在 2009 年 4 月开始建设了，这座大桥全长约 52 公里，其中长江大桥长约 7 公里，全线采用双向六车道高速公路标准建设，总投资约 76 亿元。整个工程于 2011 年 12 月 24 日与上海长江隧桥对接。大桥通车后，启东融入上海一小时都市经济圈。启东人去上海卖水产的路程只要一小时左右，当然，他们还希望上海能够给更多的江北人带来发展机遇。

这座桥的美，似乎不能用漂亮、婉约、精致来形容，甚至没有文学或艺术中的那种感觉，无论在哪一个局部，人都显得太微不足道了，我们必须仰望、遥望。于是我们找到了康德曾经用过的那个词——“壮美”，简单、铺陈、重复，但却是不可小视的宏大，只能仰视不能把玩，只能一掠而过无法驻足，永远无法完整地领略，只能捕捉某个细节和局部……

竞争主义

[苏通长江大桥]

从桥梁建设来看，苏通大桥太有名了，掩盖了长江上在建的所有斜拉桥的光芒。

2009年2月，苏通大桥通车已经将近一年，匆忙的车流不容许我们到桥上去从容地浏览。虽然在建设过程中，我们曾数次到施工现场，但这一次我们只能在水边远远地翘望。

这个阴天的下午，灰色的天空和水波，江中的大桥主塔并不清晰，修建大桥所用的栈桥已经布满红色的铁锈，让翘望大桥的我们有了一丝淡淡的忧郁。远处的大桥如此简洁和流畅，跨越这茫茫的江水，两座主塔只是轻盈的跳跃，在提醒人们这项伟大的工程是何等的张弛有道。

南通是国家最早确定的十四个沿海开放城市之一，从纬度上讲，比镇江还靠南。但一江之隔，造成“南通南不通”，经济发展远远比不上对岸的苏州，在经济地图上被划入苏北。在江苏，这意味着落后。

当然，南通以及苏北的其他地区并没有放弃努力，它们一直努力地融入苏南、努力地靠近上海。在南通的渡口，最繁忙的时候每天有4万辆车通过驳船过江。

1984年，江苏南通提出“过江通道”的概念。当然，此时的构想肯定不是今天这个创造世界第一的宏伟工程。这个时候，日本人也正在准备建设一座世界第一的斜拉桥，英法两国政府正在计划在英吉利海峡建设一条连接两国的海底隧道。显然，

刚刚新建成的苏通大桥。

夜晚灯光下的苏通大桥。

隧道引起的反响感染了南通过江通道的决策者。

十年之后，南通市成立了“过江隧道筹备处”。这一通道吸引了来自世界的投资者和桥梁与隧道领域的建设者。

但是，以桥梁方式过江的方案也逐步提出来，在这个悬而未决的过程中，中国桥梁建设迎来了迅速发展的十年，以江阴大桥为代表的中国桥梁建设达到了前所未有的高度，技术的成熟和建设成就对决策者产生了影响。

此时，两名国内桥梁大师的态度起到了重要作用，其中一人是隧道方面的资深专家，他们表态支持桥梁方案。两年后，交通部组织的专家对桥隧全面审查后，认为桥梁方案要比隧道方案更合适。

争论还没有结束——在如此宽阔的水面上，选择怎样的桥型飞架南北，跨越长江天堑呢?

大桥所在的江面有 6 公里宽，每天来来往往的顺流船舶多达六千多艘，其中万吨级轮船就超过 1300 艘，和每天一起，每天有 4 万辆车辆通过驳船过江，这里形成一个繁忙的水运十字路口。必须建设大跨径桥梁来提供足够的通航空间，只有斜拉桥和悬索桥可以胜任。

斜拉桥在国外的应用发展历史只有五十年，而且也没有主跨超过千米的斜拉桥，中国直到1993年才建成一座超过600米的斜拉桥，因此，许多人认为，应该采用比较成熟的悬索桥，一个有力的支持是，主跨超过1000米的悬索桥江阴大桥刚刚建成。但是，苏通大桥桥位处工程地质差，很难在水下建成足够强大的锚碇承载桥面荷载，而且巨大的锚碇建在水中会产生难以估计的后果。

最后，主跨1088米斜拉桥成为最终方案，这将是世界上主跨最大的斜拉桥。对于工程建设者来说，挑战刚刚开始。因为此前中国建设的最大斜拉桥的主跨为648米，世界上最大斜拉桥的主跨是890米，或许他们可资借鉴的经验不是太多。

斜拉桥的主塔是承担桥梁和来往车辆的唯一结构，水下基础是决定性的。苏通大桥南北索塔基础采用了相同的结构，中交二航局、中交二公局是主塔承包商，它们选择了稍微不同的施工方案和工艺。

在滔滔长江中兴建世界最高桥塔，首先要从桩基开始，这是大桥建设中难度最大的工程。这里是300米厚的泥沙层，岩石在300米以下，因此桩基不可能放在岩石上——要在泥沙层上建世界最大的桥塔，这是最难的地方。实际上，南通附近的长江河床并没有给建设大型桥梁提供良好的基础。

对于索塔基础的定量表述是：一百多根平均长约120米、直径2.5—2.8米的群桩组成，群桩上部的承台面积超过一个足球场大，是世界规模最大、入土最深的群桩基础。

建设者分别在两个主塔下打下了131根直径2.8米的钢管桩，在里面钻孔并浇筑混凝土。131根钢筒集束起来才能发挥最大作用，需要制作一座足球场大、六层楼高、相当于排水量10万级吨巨轮的钢箱，并把它准确地放在群桩上面，与之浇筑成为一

个整体。

我们简单描述一下主塔基础的施工过程。这只是大桥建设的一个环节。

第一步：塔基河床防护。南北索塔所在河床为粉细砂、启动流速小、塔基易冲刷。施工者进行河床动力学模型试验，用大量袋装砂、碎石和镇压石，给河床披上近10万平方米的防冲刷“铠甲”。经两年长江大汛、天文大潮的检验，“铠甲”无损、河床如初，避免了深坑冲刷，成为桥基河床永久的防护。

第二步：搭建平台。在深水湍急的中流，迎着大洪、大潮施工桩基，搭设平台是关键。建设者利用直径2.8米钢管桩，搭成一个半足球场大的平台，形成最大群桩。建设者曾经计划用1.5米的钢管来搭建平台，然后再制作2.8米的钻孔桩，但是，打下的一些钢管桩在一夜之间被大浪冲走。后来，有人想出了办法，直接使用2.8米的钢筒，既可以搭建平台，也可以用来制作钻孔桩。

第三步：桩基施工。这就是制作钻孔桩的环节，最大的亮点是泥浆的循环利用。桩基施工要挖掘大量泥浆，这在常人看来毫无用处的，但却是工程中非常重要的材料，专家认为，桩基施工成功与否在于泥浆的制作和使用。

第四步：安放吊箱。131根桩需要被集束在一起发挥作用，因此要在群桩顶部浇筑一个巨大承台，也用来安放主塔。北索塔分三次沉放6800吨的钢吊箱，南索塔则一次将5800吨钢吊箱成功沉放，误差控制在±1毫米内，这是一个巨大的施工突破。

第五步：承台浇筑。安放好的钢吊箱底实际上还是在水面以下12米，要使它成

为一个安全的施工空间，就需要把它封底，这里需要一种水下混凝土浇筑工艺，也就是用 3—5 米厚混凝土封底，待混凝土达到强度后，抽去箱内存水来“造陆”。

这只是大桥建设的一个环节，大桥建设还有许多这样的环节，当人们用十分钟时间通过大桥的时候，肯定无法想象其中的秘密。

至此，苏通大桥群桩基础形成。在这个基础上，一座 300 米的主塔脱水而出。这个倒 Y 形结构物将力度和美很好地结合在一起。从技术角度来看，主塔可以分为上中下以及横梁四个部分。从功能来看，主塔不能有丝毫倾斜，因为长期巨大的压力会因一丝倾斜变成大灾难。从美学来看，主塔要漂亮光滑。在这个时候，中国建桥精英已经很好地掌握了自动爬模施工技术，很好的实现了这两个目标。

斜拉桥被认为在建设安全性上稍逊悬索桥：一个数百米的梁长时间悬空在风中，肯定会带来很大的风险。苏通大桥也不能例外，建设者设立了一个临时桥墩在江中，顺利地渡过了主梁架设的危险期。苏通大桥在梁的抗风性能方面做了更多的功课，模型风洞试验的结果令人非常满意。

大桥 272 根斜拉索最长的一根是 577 米，重量达到了 59 吨，把这样一个大家伙安装在 300 米桥塔，并非一件容易的事情，不过拉索安装方面有了成熟的工艺。这些拉索设计的寿命是五十年，在需要的时候可以更换。

从技术来看，苏通大桥是世界桥梁建设的一个重大突破，此前，斜拉桥被认为无法实现 1000 米的主跨。苏通大桥的成就得到了世界桥梁界的一致赞美，苏通大桥科研工作涉及结构工程、岩土工程、地质工程、水利工程、信息工程、机械工程、

桥塔施工时。
同一位置。
白天和晚上不同的场景。

自动化控制等近十个领域或学科，中国桥梁建设也因此进入一个新的层面。

对于大多数南通人和苏北人来说，这并不是他们关心的重点。要想富，先修路；要想苏北融入苏南，先要打通长江天堑。这是他们最想实现的目标。建成之日，苏通大桥大大缩短了苏北连云港、盐城、淮安等市与苏南的距离，从南通的边缘工业

片刻

片刻沉静有力，而桥一直在蠢蠢欲动地成长

那些记录桥到来不同时期的照片，陈述着桥成长的片刻。

苏通大桥身份特殊，自然成为相机聚焦的中心，从那么多的图像里，可以看到它的受宠。

第一根钢管打入水下，钢管直径 2.8 米。然后，是两个呈八角形的承台。运输船来往，6 层楼高的巨大混凝土物体出现。

承台之上，主塔像小树一样慢慢成长，靠的是工业的钢筋和混凝土，用的的确是拔苗揠长的方法。

之后，是箱梁吊装到位……

之后，是悬索拉起……

那些片刻，有力而沉静，在其中，桥其实一直在“动”，蠢蠢欲动地在成长。

区域到上海的边缘工业区域，仅需半小时左右，从南通市中心到上海市中心的车程也只在一小时左右。南通成为上海大都市经济圈的成员，彻底甩掉“难通”、“南不通”的调侃。南通，因桥之名而在一夜之间名满天下。

而在中国高速公路网上，一条从辽东半岛出发到达雷州半岛的沿海通道上，苏通长江大桥则是跨越长江的关键。有人写道：万里长江兮，不再为堑。千顷波涛兮，不再生灾。南去之客兮，不再停车待渡。北来之宾兮，无须摆渡舟横。

运输船将最后一片箱梁运送到江中央。

准备吊起巨大的箱梁

“我愿意”
最后一片箱梁说

苏通大桥的最后一片桥面安装过程。
当最后一片箱梁被固定到了它的位置，桥合龙了。一定意义上，这标志着桥的竣工。
所以，对桥的建设来说，最后一片箱梁的安装，像西式婚礼上新娘新郎说出的那句最重要的话：“我愿意”。

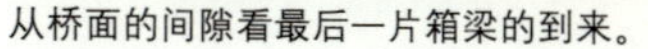

从桥面的间隙看最后一片箱梁的到来。

安装到位

合龙的桥。

栈桥
在长江上修建每一座大桥，都要建起栈桥

栈桥是断桥，伸到江水里百多米就停止了。栈桥的作用主要是用来运输建桥所用材料，岸这边设龙门吊，桥上没有桥面却设轨道，重达数吨的钢箱梁被汽车运到江边，用龙门吊吊上轨道上的运输车，在电机的拖动下沿着栈桥向前，一直到栈桥的端头。运输船已等在那里，钢箱梁被移放到船上，运到江中心，由起重船吊装到桥上。

大桥上每一个部件的最后旅行大致如此，栈桥是它们抵达目的地的大门。

身为工程用桥梁，即使服务对象是苏通长江大桥这样的桥，栈桥也是原始和朴素的。眼前的这座红色栈桥，对钢铁的截取明显不追求精确，可用即可的状态。但却结实耐用，粗重的工字钢和大口径钢管密度很高地集结站立，强硬得似乎任何重量也不怕。

一座已经没有客人到来的栈桥，一座已经废弃的栈桥，依然向苏通大桥投去深情目光，如同幕后沉默的爱人。

真实的
苏通大桥朦胧在远处，真实的，是这栈桥

在那个并不晴朗的上午，抵达苏通大桥后，我一直徘徊在这红色的栈桥旁边。
苏通大桥在远处，它是不可触摸的，你甚至有一种感觉，即使你靠近它，通过它、它依然是不可亲近的、模糊的。而这栈桥，原始、自然的栈桥不是，它真实地存在，存在得如此真实。
在拍摄的间隙，先用手指去动它锈红了的身体，铁锈立刻黏靠上来。竟然兴奋，又用手掌去靠近，手里和心里被浸染了的那种快乐，牵扯神经之弦。
我愿意是这样，我的图片画面之上，苏通大桥朦胧在远处，真实的，是这栈桥。

苏通渔意
为什么一定要强硬有力，即使是一座桥

在没有抵达苏通大桥之前，我一直在想那座世界闻名的桥会是怎样飞扬的状态。在那种江南常见的充满阴性的天气里，眼睛告诉我这是多么平实的一座桥。世界第一跨径斜拉桥的主桥藏在这种江面很容易就有的雾气里，只隐隐约约地露出两个索塔，这个被称为世界第一高的索塔在眼前小得有些失形，以致显出文弱。

倒是喜欢苏通桥的这个样子，为什么一定要强硬有力，即使是一座桥。

枯黄的苇丛和树，在镜头里冒出来，要比桥还有地位。首先是植物，然后才是桥。植物可以生成变化，而桥不能了。

淡绿色的渔网应该有着不知道的功用。一个沉默的中年人，独自在网间忙碌，不知道在做什么。那些绿网的后面，引桥的节奏感均匀平和。

苏通的引桥有邻家小妹的感觉，桥的标准照，灰白的混凝土色，用长焦拉近，甚至觉得它有少许的粗糙。

喜欢渔网和桥的组合。很现代的桥，很田园的网在画面里比邻出现，让这个世界级桥回归了桥的本色。

去苏通大桥的那天，阴有雾，苏通大桥隐隐约约。
很现代的桥，很田园的网，在画面里比邻出现，让这个世界级桥回归了桥的本色。

扬州的幸福指数
[润扬长江大桥]

润扬大桥是2005年通车的。北连扬州、南接镇江，是我国第一座由悬索桥和斜拉桥组合而成的特大型桥梁。

“腰缠十万贯，骑鹤下扬州。”像杜牧这样多愁善感的才子，竟然也会因为扬州写下这般暴发户的句子，那时的扬州，该是何等的诱惑。

“扬州在哪里？”这是十几年前一个欧洲商人的疑问，令和他洽谈合作的一位国企领导至今记忆深刻。那时的扬州，绝代风华已经逝去。

盛唐时代，中国的经济重心在中原大地，达官富贾从北方来到这湿润的江边，挥霍盛唐的富强。千年之后，中国经济重心转移到了长江以南，一江之隔，扬州无法获取足够的发展活力，无法和对岸的南京互动沟通，更无法从上海汲取力量。

“下飞机后两小时内到达目的地”，这似乎是商业活动的理想距离。但是，本世纪初的扬州不通铁路、京沪高速也未开通，到镇江只能靠轮渡。江阴长江大桥通车前，从扬州到上海要六七个小时；江阴大桥开通以后，最快也要四个多小时。从扬州通往上海港，得先汽渡过江到镇江，要是遇到大雾，等着上船的车队排到两三公里外，过江就要花半天。在大多数商业竞争中，江之南的城市有着更多的优势。

扬州需要一座桥。

对于桥的记忆，扬州并不陌生，“二十四桥明月夜，玉人何处教吹箫？”一句诗引来千古的悠悠感伤，二十四桥不仅是扬州的标志，更似乎是江南的标志。但往昔

的繁华已经不能带来发达。扬州需要一座能够跨江越海的大桥，而不是婉约的小桥。

扬州和周围的经济体希望能够有一条自己的过江通道，近可以拉近和省会南京的距离，远可以借大上海的影响力。面向上海，是长江三角洲上许多城市的共同追求，它们都希望能与大上海以最快捷的方式连通。扬州有了自己的方式，这就是2005年通车的润扬大桥。这座北连扬州、南接镇江，是我国第一座由悬索桥和斜拉桥组合而成的特大型桥梁，其南汊主桥主跨径长1490米，是当时中国第一、世界第三大跨径悬索桥。

一桥飞架南北，天堑不再成为阻隔、距离不再成为障碍。润扬大桥连接的是两座大城市，使扬州在真正意义上跨过长江，融入苏南，与镇江聚合成新的港口群、与南京形成“宁镇扬”城市群。

润扬大桥使扬州的交通由长江、京杭大运河交汇的“T”字形出头，变为“十”字形，是江苏“四纵四横四联”公路主骨架和跨江公路主干线的重要组成部分，连接京沪、宁沪、宁杭三条高速公路，并使这三条高速公路和312国道、同江至三亚、上海至成都国道主干线互通。扬州交通真正成为了四通八达。

1998年年底，桥梁建设专家开始正式论证在镇江至扬州之间的长江上建桥梁的可行性。这里有著名的西津古渡，曾是兵家必争之地。据说发生于此的战事超过百次。不过由于江滩淤涨，古渡已经失势。因此也不是建大桥的好地方。

在长江两岸修桥墩和高高的桥塔，把缆索挂在桥塔上，用缆索吊住大桥桥面。把桥梁吊住的缆索是桥的生命，把缆索牢固地系住的锚碇是桥的命根子。但是，这里是长江冲积平原的软土，用什么方法才能把要承载6.8万吨力的缆索牢牢系住?

这里曾有一场国际间专家的争论。

中交集团公路规划设计院的设计师提出这样的方案，锚碇固定在地底下石岩上，这样能把受力往地层深处分散，大桥将不怕地质变化。

一位美国工程院院士、国际著名桥梁专家认为，在软土上放锚碇的设计就像小孩玩游戏，建议大桥南汊修斜拉桥。国内设计方认为，一跨过江悬索桥虽然投资比斜拉桥大，但长江主航道丝毫不受影响，5万吨级轮船可自由通行。斜拉桥既影响航运，还会造成长江河势变形，水中施工和长江航运存在矛盾。

专家组论证之后，选择了悬索桥方案。

那位美国工程院士的担心并不是没有道理。把6.8万吨重的缆索压力传递到地下岩石上，必须开挖世界罕见的特大深基坑，这是一座相当于长70米、宽50米、17层楼高的地下城堡。施工人员必须每天都要下到坑底施工，在70米之外，汹涌的江水在数十米高的头顶上奔流不息。基坑一旦坍塌，汹涌的江水将从天而降，施工人员无路可逃。

专家们为制订方案而争论不已。巨大的压力放在了承包商身上，他们需要拿出合适的方案并完成工程。这就是带案投标，虽然是一种国际通行的办法，但国内还没有经验。

在较深的北锚碇，承包商中交二航局提出了地下连续墙的施工方案，浅一点的南锚碇，承包商中交二公局提出冻结排桩法。这两种方案虽然都是建筑界成熟的施工技术，但此前应用过的工程规模要小得多。两个方案都得到了认可。

2002年2月1日，悬索桥北锚碇开工。工人们4米一段地往下挖，挖4米，砌上一圈壁厚1.2米的墙，打上钢筋混凝土支撑，要这样连续挖上12层。挖到20多米深时，基坑支撑四壁的钢筋混凝土架子曾经因压力太大而变形，后来通过增加高压旋喷桩才保证了后续施工。

南锚碇的施工也并非一帆风顺，挖到一定深度时，由于冻结强度不够，支撑钢

筋混凝土梁也曾出现裂缝，后来用液氮法冻结的办法降低温度，南锚才重新开工。

中国人用了十四个月完成了基坑开挖。国际桥梁协会主席伊藤学参观大桥施工时曾发出惊叹："像如此规模的地下基础施工，在日本光开挖至少就要五年！"

在大桥索塔建设中，32 根直径 2.8 米的钻孔桩镶嵌到水底的基岩上，成为超过 200 米高的索塔的基础。这或许不是最难的部分。在群桩上面的巨大承台是建设的难点之一：这是一个巨大的哑铃形结构，首先要精确安装重 1000 吨的钢吊箱，它在枯水期会暴露在水面，因此要兼顾实用和美观。

在润扬大桥主塔承台施工中，承包商采用了分块制作钢吊箱，然后在拼装船上整体拼装，最后整体吊装沉放。

润扬大桥的主塔塔柱施工中，中国人首次应用自动化程度较高的液压爬升模板系统。突破了锚碇等方面的问题，润扬大桥以1490米的主跨成为世界第三大悬索桥。

从润扬大桥标准双向六车道大桥过江，用不了十分钟。2009年2月的一天，我们从大桥通过，一路按着相机的快门，几分钟的时间，我们只是记录几个微不足道的细节。

大桥主塔用灰白色的混凝土原色，稳定内敛，驱车快速接近桥塔，并没有那种扑面而来的压迫。长长的缆索，似乎只是指挥家一个从容的手势，带领那些整齐的吊杆完成一节轻盈的舞蹈，或者更像一只修长的手指，挥拂之间，轻轻滑过琴弦。

“京口瓜洲一水间，钟山只隔数重山。春风又绿江南岸，明月何时照我还？”不知人们还有没有时间来欣赏，欣赏一水间的风花雪月和建设者的杰作。

不能靠近
很难靠近，不能停留

我们已经很难在那些特大桥上停留。
正常的情形是，那些特大桥，特别是有名的桥，多数设计成了封闭式的桥，也就是只让车通过，不设有人行道。在它们刚建成还没有通车的那短短一段时间，可以有机会在桥上走一走。而在后面的日子里，只有车轮和它接触，你的双脚下很难和它亲密接触。桥在你的车窗玻璃外，车飞速而过，你已不能慢慢地、细致地感受它。
润扬大桥就是一个实例。我们走了很远的路专门赶过去看桥，桥上不能停车，车速不能太低，润扬大桥和我们隔着车窗玻璃。在镜头里，汽车玻璃的贴膜让画面整体变蓝。
这是桥在许多人相机里的惯常状态，在你没有权利下车时，车窗玻璃让画面有了一种新西兰的阴郁。

从2到3的可能
[泰州长江大桥]

泰州长江大桥正在尝试一种全新的可能：390 + 1080 + 1080 + 390 米的三塔双跨悬索桥。

在长江上建桥，运输建设材料的工具中船是主力，把水泥砼车、起重车、沙石车的最后一个字都换成“船”吧，这是长江大桥建设的独特之处。在泰州长江大桥的建设工地，多种建设用船围绕着工地。

我们到达时，泰州长江大桥（简称泰州大桥）还是一个巨大的工地，不过它正在完成一个挑战：成为一座双跨 1080 米的悬索桥。

泰州大桥主桥长约 7 公里，上游距润扬长江大桥约 66 公里，下游距江阴长江大桥约 57 公里，北接泰州市，南连镇江和常州市。两岸对这座大桥都寄予厚望：连接北京至上海、上海至西安、上海至成都三条国家高速公路、长江三角洲地区和江苏高速公路网。年轻的泰州市希望通过大桥建设来实现“长三角工贸滨江城市、水城一体、古今交融的现代宜居城市”这一城市建设的战略目标。

大桥主桥是三塔，三塔将一座桥跨布置为 390 + 1080 + 1080 + 390 米的跨径。这是一座三塔双跨悬索桥。

悬索桥多以双塔结构为主，千米级连跨悬索桥在国际上尚未有工程实例，因此，泰州大桥是在长江上尝试一种全新的可能。

塔两跨式悬索桥型，是一个巧妙的设计：利用“W”形河床，仅在江心设置中塔，南、北塔建在岸边，形成两大跨，留出两个主航道。从技术来看，江面只有中塔基础阻水，维持了河势稳定，维护了上、下主航道分行的现状；从成本来看，这一方案能将投资规模控制在适当的范围内，因为一跨过江的桥梁方案，将意味着一笔

泰州大桥工程效果图。
大桥的示意图总是用那种必然的简洁和失真，
却带来很美好的感觉。

巨额投资。

这或许为解决在长江上建桥与利用航道间矛盾的解决提供了新的思路。

三塔两跨的桥型对中塔的要求非常高，因为如果有一跨是满载，另一跨是空载，势必对中塔形成极大考验。这是一种极端的情况，但是工程师们必须考虑到这种情况并作出准备。因此，中塔的结构形式、安全度要求很高，普通的、常规的悬索桥有很多区别。其中主要一点是：中塔要有应对极端情况的弹性，结构只能采用钢塔。而用了钢塔也有很多技术难点，刚度要适度，太软不行，太硬也不行，所以塔下是“四条腿”。

192 米的钢塔是一个惊人的高度。

于是，水下基础至关重要。这是一个最难的决策。

泰州大桥最后选择了沉井方案。资料是这么说的：在 17 米深水中，沉入海平面以下 70 米地层，是“世界水中埋置最深的巨型沉井”。

对承包商而言，这是一个风险巨大的实践。他们这么说：通过解析河床冲淤规律，沉井姿态监控，钢壳沉井浮运，沉井定位着床，沉井接高下沉五项关键技术，终于又好又快建成了水中沉井之最。这或许是一个最简单的表述，肯定包含了诸多常人难以想象的困难。

场景
拉伸和静止之间

在天气不好的日子里，建设工地的那些脚手架却显出一些韵味来了。远远近近地，气息不同，相同的是孤单又强硬。
不留意的，并不是不存在的。眼前的脚手架是由三种基本材料组成：细钢管、扣件和绿纱网。第二种用来固定第一种形成施工支架，第三种围绕在支架上形成防护。
人皆有存在的理由，物皆有存在的原因。我们，物和人，以不同的方式组合在一起，总是为了实用，而忘记体会味道。

施工楼梯
熟悉产生力量

我们决定从施工木梯爬上引桥，我想这是个简单的事情。先搭好脚手架，然后在脚手架上按大约 30 度的斜角放置木板，左右交错向上，形成楼梯，这是所有建设工地施工楼梯的搭建方法。我第一步踏上这种楼梯的时候，感觉太悬了。

不时有人上上下下，拿着工具或是材料，脚下的木板已经被不同的鞋底打磨得几乎没有了摩擦力，那用钉子镶在上面的横向木条的阻力并不让人信任，踩在上面，脚底的感受告诉大脑，滑，有危险。

再往上走，高度有了之后，另一个感觉出现了：恐惧。施工楼梯只是一块木板在脚下，连接处缝隙很大，低头向下看，人如临深渊，脚步哆嗦。扶手的确有，却是一根孤零零的斜着固定的钢管，同样不具备视觉安全感。高空恐惧常常是，事实上你是安全的，而你的眼睛对你的大脑说这是不安全的，结果你的大脑信了。

工地上的人说，不要低头看脚下，抬头向上看……掉不下去的，有防护网……但我依然步履维艰。身边不时有施工的人快速地通过，如履平地。

终于到达桥面，回看那个简易普通的施工楼梯，的确是没有什么的。别人告诉我，多走几次就好了。记着这句话，等到下去时，果然比上去时好多了。

四野
钢铁落在自然里

大桥的施工多在郊野，少人家，多荒凉，那些施工的钢铁用品落在自然的风景里。
这是钢铁穿着软底鞋的状态，自然舒服的样子，还有了味道。
桥建好了这里就有了一股写字楼的气味，这个时候还是乡野，连钢铁都浸染上了相同的气息。
散懈的钢铁，随性的田野，这两者组合，有西兰花和红豆蒜茸在一起的状态，很意外，很惬意。

色彩
厚道的色彩

色彩总是强势进入视线。
在泰州大桥工地上抱着相机转，拍来拍去回来一看，许多色彩，艳丽夺目。
那些色彩鲜明的物品这会儿在眼睛这里，有推销员一样积极主动的风格，却比推销员实在厚道。
这是工业美，原生态的，纯天然的，绝无做作的色彩。

4 m
3.5 m

数字

朴素的，独特的

一些字符出现在工地的钢铁上，外来者看不懂其表达的意义。如果纸是记录工具，在工地上，钢铁也可以是。

工地上的人说，红色钢管上表示的是水位，那个“4m”有一个内定的起点。

黄色上面的字是给施工人员的一些提示。这根角钢和那些字最后都会被深深封进混凝土里。这个位置是索塔的起点。

中
交
二
航

无意造型

力量画面，心惊感觉

正在建设的桥面上，龙门吊和一些不知道作用的机械，用钢铁组成图案。

正常的视觉感受不到，从取境框看过去，要小小地心惊一下。

NO6

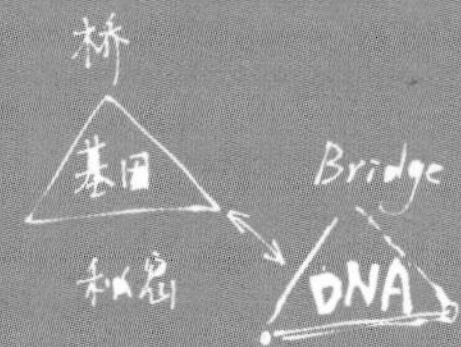

Secret Bridge

NO6. 秘密

桥，基因，秘密

1931年

我们把1931年视为现代桥梁的纪元，因为不同类型的桥梁跨度在这一年分别实现了巨大的突破。

从文化的角度来看，古人已经给予了桥梁足够的关注。但是那种情怀已然无法适应于现代桥梁，这是一个机械复制时代的艺术，这是一种社会化大生产时代的艺术，需要换一种关注的方式，端着相机或许是我们尝试关注现代桥梁的一种方式。

苏通长江大桥，简洁的音阶。

何为现代桥梁？我们根据中国工程院院士项海帆的定义来界定：以 19 世纪的钢桥和 20 世纪初的钢筋混凝土桥为主要标志的桥梁。

现实中的习惯，业内和业外人对桥梁的发展统一以主跨径为记录刻度，这是人类追求桥梁跨越能力的历史，也是桥梁类型不断推陈出新的历史。

我们把 1931 年视为现代桥梁的纪元，因为不同类型的桥梁跨度在这一年分别实现了巨大的突破。以美国开国总统华盛顿命名的 1067 米悬索桥，是人类首次建造的一跃跨过 1000 米的结构物。

同一年，美国以钢拱桥的形式实现了跨径 500 米的突破。当然我们不能忽略的是，19 世纪 80 年代美国和英国就分别以其他的形式建成主跨超过 500 米的大桥。

现代桥梁建设舞台上的聚光灯，因主角不同而移动。最近的这个百年，光点的移动行程是：美国——欧洲——日本——中国。

1931 年和之后的三十年，桥梁建设的光环属于美国。

再往后的三十年，欧洲人迎头赶上。

20 世纪最后十年日本人全面超越。

进入 21 世纪，桥梁建设的中心转移到了中国。

在中国，特大桥梁的建设集中在长江上。

四大家族

简单地说，我们可以把现代桥梁分为四个类别：梁桥、拱桥、悬索桥、斜拉桥。这是一个能够为各方接受的划分方式。

在人类历史上，它们依次出现。它们目前能够实现的跨度顺序是：梁桥、拱桥、斜拉桥、悬索桥。当我们把这四种类型界定在应用钢材和混凝土的现代桥梁的概念中时，它们有着各自的发展脉络。

在桥梁的家族中，不同类型桥梁的纪录保持者是，主跨为330米的中国重庆石板坡复线桥是世界最大跨径的梁桥，主跨552米的中国重庆朝天门大桥是世界最大跨径的拱桥，主跨为1088米的中国苏通长江大桥是世界上主跨最大的斜拉桥，主跨为1991米的日本明石大桥是世界上最大跨径的悬索桥。

过去，一座桥梁的跨径可以保持几百年的世界纪录，但今天的世界纪录可能只能保持几年或几十年。

梁桥

梁桥有邻家大哥朴素、实在的气质，主要包括混凝土梁桥和钢梁桥，其区别在于主要材料是用混凝土还是钢。

混凝土梁桥以混凝土为主要材料，这是一种廉价的材料，既能抗压有能抗拉。但是，混凝土材料有一个致命的缺陷——容易出现裂缝，一个细小的裂缝可能形成

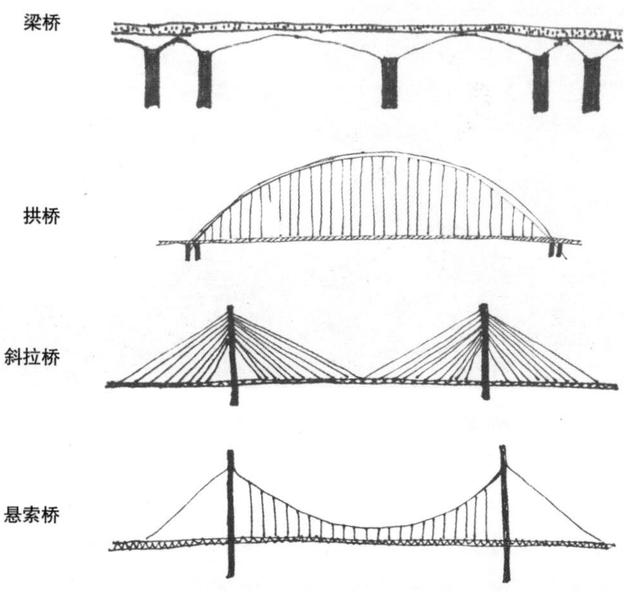

毁灭性的问题，这一直是困扰技术人员的问题。预应力技术的出现逐渐解决着这一问题。随后，混凝土梁桥成为最常用、最经济的桥型。

简支梁桥是梁桥的典型，也就是最简单的支撑梁桥：一个梁简单地放在两个桥墩之上。这种桥跨径一般不超过 40 米。为了增大跨径，可以从桥墩上引出悬臂作为支座，然后架设简支梁，就构成了钢筋混凝土连续梁桥。而主梁完全和桥墩连接在一起，就是混凝土刚构桥。

把混凝土换成钢，就是钢梁桥，可以提高梁的跨径，这一直是大型铁路桥梁和公铁两用桥梁的最优选择，不过，费用要比混凝土梁桥高出许多。武汉长江大桥和南京长江大桥就是典型。

钢和混凝土有时候结合起来使用，更好地利用了混凝土受压、钢材受拉的性能。从技术上讲，桥梁会轻很多；从经济上讲，会稍微便宜一些。过去的中国，便宜的曾就是最好的。

拱桥

赵州桥是这个星球上拱桥的偶像。当你的身体受到挤压，你的身体会形成一个

建设中的拱桥，红色的钢铁拱身在天空下。

内劲从而产生支撑力，这就是拱桥的拟人化原理。传统的拱桥主要是利用材料受压形成内劲来实现的。现代拱桥在形式上实现了诸多创新。根据主桥使用材料，拱桥主要包括混凝土拱桥和钢拱桥，而桥面既可以在拱的顶部，也可以挂拱在中间和底部。如此一来，拱桥可以衍生出近十种类型。

混凝土拱桥中，钢材和混凝土可以互为表里，完全采用钢结构为主拱能够实现比混凝土更大的跨径。但是从成本考虑，钢拱桥并不是最优选择，在同样的要求下，可以通过斜拉桥以较低的成本来实现较大跨径。

斜拉桥

斜拉桥这种崭新的桥梁形式，名称其实已讲解了它的原理：斜拉桥面形成的桥。斜拉桥的受力结构非常复杂，因此直到现代计算手段产生以后才能够建设斜拉桥。这种年轻的桥梁形式，从主塔上引出的拉索张拉桥梁，能够有效增加跨径。因此斜拉桥成为大跨径桥梁的有力竞争者。

和悬索桥相比，斜拉桥建设过程抗风能力较差，但建成以后抗风性能较好。有一点很重要，在大跨径下，斜拉桥的成本要比拱桥和悬索桥更低。

斜拉桥主要由主塔、主梁、拉索组成，由于拉索形式上没有太多创新的空间，于是斜拉桥主要在梁和塔的形式上实现多样性，可以选择混凝土主梁和钢梁、混凝土主塔和钢塔，也可以在其中做出不同组合。

悬索桥

悬索桥是古代吊桥的“转世”，它从受力结构方面继承了古代吊桥的原理，但是从材料来看也完全是现代工业革命的产物。它首先需要高强度的缆索，这在以前是不可想象的。

悬索桥主要由锚碇、索塔（主塔）、悬索、主梁、吊杆组成。悬索通过两个主塔顶部后，固定在两端的锚碇上，然后依靠吊索或吊杆吊起主梁。悬索是大桥主要受力构件，由钢丝束之制成，承受自重、梁重以及车流荷载，其中悬索本身的重量要比后两个大得多。

悬索桥是跨越能力最强的桥梁，目前世界上已经建成了几十座主跨超过千米的悬索桥，而只有一座斜拉桥主跨超过千米。

由于跨度太大，综合刚度较小，抗风能力较差，悬索桥会让人有飘摇感。而且，大跨径桥梁往往在开阔水域，风的影响很大，因此，抗风研究一直是悬索桥的为难之处，大型悬索桥都要进行风洞试验。

悬索桥在梁的设计上有不同的选择：加劲桁梁和箱梁，这两者都是增加梁本身的刚度，后者已经成为可以在工厂加工制作的工业化产品，因此得到了广泛的应用。

悬索桥的“根”是锚碇，锚碇来固定悬索。锚碇分为两种，依靠锚碇自身重力来固定拉索的重力式锚和依靠地基岩石固定的隧道锚。

水边的赛场

人和物的存在是相同的，皆有故事和人生，起落之间，形形色色。桥就是这样的一个。

悬索桥和斜拉桥之实力派竞争

人类一直在追求优雅地跨越空间，桥梁是一种雄心勃勃的努力。架桥的挑战来自两个方面，一个是跨度，一个是水深流急的地理条件。

跨度越大，难度越大，因此建桥技术人员将跨度作为第一追求和第一挑战。

有很多人认为不能把桥梁跨度作为衡量大桥技术难度的第一指标。但这种理性的态度也会让很多人不舒服，千百年来，人类不是一直在追求通过桥梁来跨越更大的空间吗?

纽约作为美国最大的城市，成为美国梦的舞台，它的中心曼哈顿岛却被一条河与周围地区分割，20 世纪以来，技术人员一直绞尽脑汁地寻找一种能够跨越一公里多的河面。后来，人们选择在河上建一座悬索桥。

1931 年，一座跨度为 1067 米悬索桥在世界经济危机中建成，它有理由以美国开国总统乔治 · 华盛顿命名，这是人类首次建造了一跃跨过 1000 米的结构物，也成为纽约市的一大景观。虽然经历了经济大萧条，这座大桥仍迅速而顺利地建成。唯一受影响的是：原来计划用混凝土把钢塔包起来，以营造一种类似凯旋门那样庄严的桥塔，但由于资金不足，这一计划没有完成，反而形成了一种新的钢铁骨架美。

上图是斜位桥，下图是悬索桥。
悬索桥有一根巨大的主缆，主缆像是领导核心，通过垂直的拉杆固定桥面。斜拉桥则由许多根索缆共同拉起桥面，颇有平等公正的意味。

这座大桥直接推动了比它更长的旧金山金门大桥的建设，后者跨过了一道海峡。但因为太平洋的波浪和潮流，建设在海峡中的主跨为1280米的金门大桥建设却远比华盛顿大桥困难，施工方案被不断修正，工期也大幅延长。1937年，美国人还是建成了这座大桥。这座红色大桥很长时间内成为了美国人的骄傲。一年后，它的设计师却积劳成疾，不幸去世。

架桥的另一个挑战是，水越深、水流越急，建桥难度越大。在海峡上建设大桥显然要比河流上要艰难。虽然我们经常以审美的眼光看待桥梁，但桥首先是满足了人们的跨越需求，没有人把在平静的湖面建设桥梁作为荣誉，那些伟大的建筑师们总是希望在充满困难的地方建设桥梁。

跨径和环境，这两个因素是设计师们反复考虑的问题，许多人为此殚精竭虑。

1940 年 11 月的一个夜晚，海面上刮起强风，完工四个月的华盛顿塔科马大桥在风中飘摇不定，几个小时后，风产生的过度振动使大桥发生了可怕的垮塌。

在调查和争论之后，人们把垮塌的原因归咎于天气，设计师被认为无罪。前两座桥梁取得的巨大成功给后来的设计师设置了一个陷阱：那就是对风振的忽视。这座桥没有设计加劲桁梁以增加桥面的刚度，因此无法抵抗大风。有人认为，此前建设的大型悬索桥面临的威胁并没有消失，只是它们还比较幸运。不过，美国人还是从中吸取了教训，在随后的二十多年里建设了更加壮观的两座悬索桥，这两座桥都在抗风振方面做出了显著的改善。

从 19 世纪 80 年代算起，在近一个世纪的时期内，大型悬索桥几乎是美国人的独有专利。

金门大桥完工二十七年之后，美国之外首座跨径超过千米的悬索桥在英国开通，女王带着英国人的自豪出席了通车仪式。随后，英国人设计出轻巧的翼形、箱形梁，并成功应用。这是悬索桥的一次重大变革，梁的钢材用量大幅减少，大桥成本也有所降低。英国人也因此夺得了悬索桥的优势。

随着美国建成四座超千米的悬索桥，作为大跨度桥梁的悬索桥在 20 世纪以来不断地刷新纪录。虽然此前也有斜拉桥建设成功，但由于在施工中需要有很长的悬臂建设期而面临很大的风险，因此在建桥精英看来，斜拉桥在刚性和稳定性方面比不上悬索桥。至少美国的桥梁设计师们这么认为，因此在美国几乎找不到大跨径的斜拉桥。

第二次世界大战以后，随着德国的复兴，斜拉桥开始复兴。德国桥梁工程师对斜拉桥的结构体系的研究，为现代斜拉桥的诞生和发展奠定了理论基础。而且，德国人也开始用理论指导实践。1953 年德国承包商承建了瑞典的斯特罗姆松德桥，这是世界上第一座现代斜拉桥。

随后近三十年里，以德国工程师为代表的欧洲建桥精英在斜拉桥桥面、悬臂施工、拉索等方面不断创新，推动了斜拉桥的鼎盛发展。

早期的斜拉桥用的拉索比较少，后来逐渐增加拉索，而且可以更换拉索，梁体越来越轻。

芦苇叶刷到了镜头，取景框里武汉长江二桥在绿色后面。

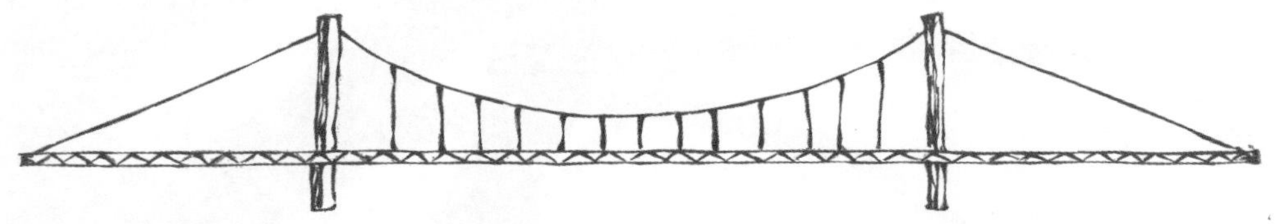

四类主要桥梁的简笔画，勾勒出四种桥型的个性和气质。

岛国日本可能更需要大型桥梁，而且强劲的经济发展使日本国民有了建设超大型桥梁的基础和雄心。20世纪90年代以来，现代桥梁建设重心转移到这里。日本接过了现代桥梁发展的大旗，在悬索桥和斜拉桥上的建设成就代表了世界最高水平。日本的桥梁建设者在20世纪最后几年里在现代桥梁建设方面的突飞猛进，无论是理论还是实践，他们都走在了世界的前列。

1998年，跨度排名世界第一的明石大桥，在日本竣工。明石大桥以1990米的跨径成为人类建设的跨径最大的结构物。经历了长达三十年的规划研究阶段，日本人将它称为“梦之桥”。这确实是一个梦一样的成就。1999年，日本建成多多罗大桥，主跨径890米，是世界第一斜拉桥。

当然，欧洲人的桥梁建设仍在发展，主跨径1625米的丹麦的大带东桥与明石大桥在同一年竣工，成为当时世界第二大跨径的悬索桥。法国也在20世纪90年代建成主跨径仅次于多多罗大桥的斜拉桥——诺曼底大桥。

当然，日本人的桥梁成就比欧洲人更有系统性。明石大桥的建设也反映了日本在大型海上重工方面的巨大成就，大型的浮吊、运输船、疏浚船被投入使用；而且，日本人悬索桥主缆架设方法，取代了美国人的工艺而成为后来的标准工艺。

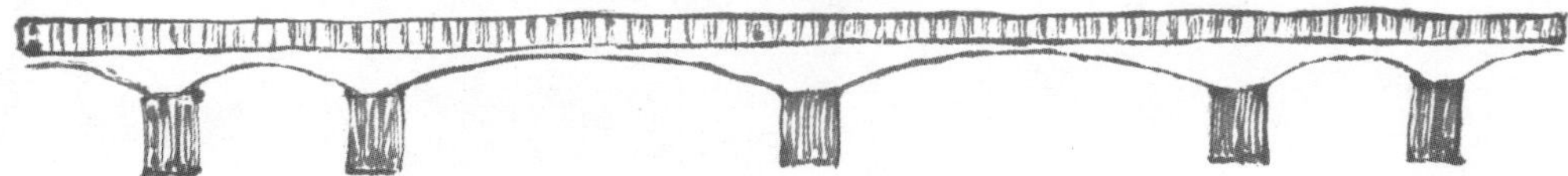

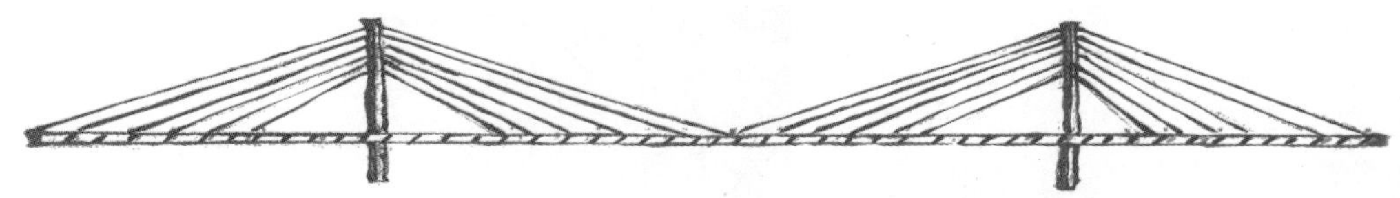

20 世纪大多数时间里，除了武汉长江大桥和南京长江大桥，中国在现代长大桥梁方面几乎没有值得称道的成就。此外，这两座公路铁路两用的大桥在跨径上显然无法和国外同期建成的桥梁相比，这种以举国之力建设模式业很难推而广之。

在 20 世纪的最后十年，中国人终于在 20 世纪世界前十位的悬索桥排行榜占据第四和第五两个坐席。这就是跨径超过千米的江阴长江大桥和香港青马大桥，与美国那座最早跨越千米的大桥相比，晚了近七十年。

理论界认为，斜拉桥若超过千米还存在很大的难度。而 2008 年竣工的苏通大桥以 1088 米的主跨改写了这一领域的纪录，并将此前的世界第一远远甩在身后。

同时，中国也在长江上建造数座高水平的斜拉桥。比苏通大桥晚一年完工的主跨 730 米上海长江大桥、2010 年通车的主跨 926 米的鄂东长江大桥都达到了国际水平。

拱桥和梁桥之风格派竞争

拱桥和梁桥是人类历史上应用最早、最广、最简单实用的桥梁，有着一千多年的历史。但是，直到把钢材应用到拱、梁桥的建设，梁桥和拱桥才能被视为现代桥梁。

经验告诉人们，拱桥建设的关键在于施工，它并没有像悬索桥和斜拉桥那样对

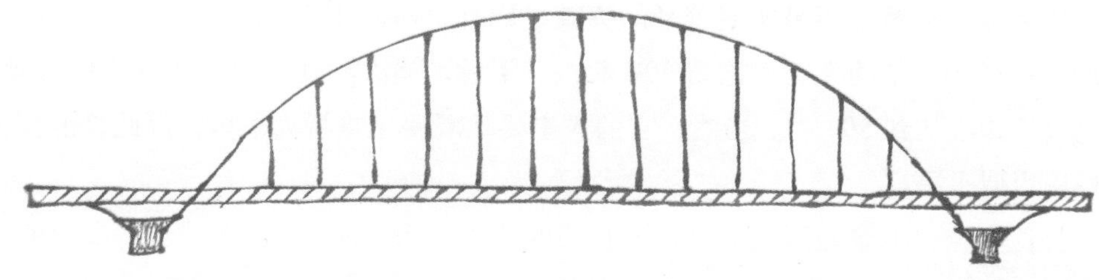

你站在低处，常常会是江滩的位置，然后抬头看桥。
如果你让视觉有了类似操作系统里放大镜的作用，会发现桥、车和树的关系，就是这样简单的状态。
桥，不过是通过的一块板子；车，一直向前，目标离开；而自然的代表树，就这样安静地守望在这里。

材料有着很高的要求。

长久以来，拱桥采用了一种支架施工方案，搭建一个临时的支架，然后建造拱和桥面，久负盛名的中国赵州桥建设工艺就是其中的代表。但是在大江大河上修建拱桥，很难搭建一个稳定的、有足够跨度的支架，这也在很大程度上限制了拱桥的发展。

因此，当悬索桥和斜拉桥出现之后，拱桥在大跨径方面不可避免地失去技术和成本优势。

因此，桥梁建设这需要寻找新的工艺。20世纪50年代以来，无支架施工技术不断发展。钢筋混凝土拱桥进入一个新的应用阶段。十年以后，拱桥跨径突破了300米。1964年澳大利亚建成了跨径305米的拱桥，1980年南斯拉夫建成了跨径达390米的拱桥。

虽然材料对拱桥建设并无太大的技术影响，但是，更轻巧、更坚固的钢拱桥显然要比混凝土拱桥更容易实现跨径的突破。因此，早在1931年，美国就使钢拱桥实现了跨径500米的突破，达到504米。一年后，澳大利亚也取得了这样的成就，悉尼港桥跨度达到503米。当然，它的成本要比混凝土拱桥高很多。因此，混凝土拱桥应用似乎更广。

长江流经的川渝地区地形出现了长长的“V”形峡谷。随着当地经济实力的增长，人们开始利用这种地形修建大跨径的拱桥，甚至实现了比斜拉桥更大的跨径。跨径420米的重庆万州长江大桥是混凝土拱桥的代表，达到了当时混凝土拱桥能够实现的极限。如果要实现更大的跨径，就需要更多的钢材。重庆巫山长江大桥把钢管和混凝土结合使用，实现了460米的跨径。2009年4月30日完成的重庆朝天门大桥完全采用了钢结构，以552米的主跨成为世界第一拱桥。

当然，这比国外同类水平的桥梁晚出现了七十余年。现代意义上的梁桥主要是以钢材和混凝土材料为主要建筑材料，大大突破了石材和木材所能达到的跨度极限。因此，现代梁桥有着最为广泛的应用。

19世纪80年代，英国人建成了主跨为521米的福斯湾铁路桥，被视为现代桥梁的标志，因为钢材正式被应用在桥梁建设中。这座大桥形式怪异，但仍然应被归入梁桥的类型。随后的几十年里，工程力学和材料力学的研究成果被广泛应用大桥梁建设，大跨径的钢梁桥在欧美全面兴起，这也是工业革命的成果。

“二战”结束后，预应力技术在工程界成熟起来，预应力混凝土梁式桥迅速发展并最终成为本世纪公路桥梁的主流，成为许多国家中小跨度桥梁的主要形式。

20世纪30年代，茅以升主持设计、监造了钱塘江大桥，这是中国首座现代意义上的钢桥，但由于抗日战争需要，这座大桥被它的设计师亲手炸毁。1957年建成的武汉长江大桥、1968年建成的南京长江大桥，其桁架跨径分别达到了128米和160米，代表了中国现代钢桥的发展轨迹。

混凝土梁桥能够在中国乃至世界各地广泛应用的主要原因是造价低廉。预应力混凝土技术的出现，更加促进了混凝土梁桥的发展。

但是，在长江天堑上实现跨越，梁桥的主跨几乎无法达到越来越发达的通航要求，哪怕是成为国家骄傲的武汉长江大桥和南京长江大桥，它们已经对长江航运形成制约。因此，除了在比较狭窄的上游，长江上的梁桥并不多见。以梁桥形式达到300多米跨度的重庆石板坡长江大桥或许将是大跨径混凝土梁桥的绝唱。

中国的

中国现代桥梁建设，后来居上。

源远流长的长江灌育华夏，泽被数千年，但大江浩荡，两岸的人们也苦于无法方便往来。大江令雄心勃勃的帝王临水勒马，中国数次割江而治；大江令痴情的男子无法追求对岸的女子而惆怅不已："汉之广矣，不可泳思；江之永矣，不可方思"。

渴望建设大桥飞跃天堑，是许多中国人千年的梦想。哪怕是在长大桥梁兴起以后，在长江中下游，建设大桥也不是一件容易的事情，中国人面临这大跨径和深水区的双重挑战。

20 世纪 60 年代，在苏联的援助下，中国建成了武汉长江大桥，成为千年来第一座跨过长江的构造物；接下来，几乎是以举国之力，中国人建成了南京长江大桥，成为国人最骄傲的成就。但在此后的十年，中国桥梁建设所表现出来的状态可称为"平淡"。

中国人在 20 世纪最后十年开始努力，终于建成江阴长江大桥和香港青马大桥。

江阴大桥的建成虽然让中国有了主跨超过千米大现代桥梁，并挤进世界十大悬索桥排行榜，但这只是中国桥梁建设的起步，或许，一个更加壮阔的中国桥梁时代将要来临。

在接下来的十年，中国建桥精英开始了超越世界同行的努力：在长江上，主跨超过千米的润扬大桥、阳逻大桥已经建成通车，南京长江四桥、泰州大桥正在建设；在东海上，已经完工的西堠门大桥以 1650 米的主跨跨径成为世界第二。

索塔、桥面、灯以及旁边的树，在正午的阳光下，逆光中。

世界十大悬索桥的排行榜一半将被中国拥有。中国人正在建造一座三塔悬索桥，这是悬索桥的一个创新。从索的角度来看，这已经达到了一个新的高度——人们有望建设跨度超过两千米的悬索桥。

斜拉桥也是如此，已建成的苏通大桥、上海长江大桥、荆岳长江大桥都达到了国际水平。

90年代
中国建成了数以百计的大桥
其中著名的十五座

九江长江大桥，1992年
上海杨浦大桥，1993年
铜陵长江大桥，1995年
汕头海湾大桥，1995年
西陵长江大桥，1996年
邕宁邕江大桥，1996年
钱塘江三桥，1996年
虎门大桥辅航道桥，1997年
万县长江大桥，1997年
汕头礐石大桥，1999年
厦门海沧大桥，1999年
江阴长江大桥，1999年
武汉白沙洲长江大桥，2000年
芜湖长江大桥，2000年
广州丫髻沙大桥，2000年

2000年以后
苏通大桥和杭州湾大桥建成前
国内建成通车著名大桥

南京长江二桥（2001年），是当时中国最大跨度的斜拉桥。当时，最大跨径带来的最大塔高、最长拉索以及最大桥面宽度被认为是巨大的挑战。

上海卢浦大桥（2003年），主跨达550米的上海卢浦大桥是一座世界纪录跨度的钢拱桥，倾斜的箱形拱带来“提篮拱”的美学造型。

润扬长江大桥（2005年），主跨1490米的润扬长江大桥南汊悬索桥是当时中国最大跨径悬索桥。

南京长江三桥（2005年），采用人字形弧线的新颖塔型，塔柱采用钢结构，在工厂精确制造。

上海东海大桥（2005年），是我国第一座在广阔海域建造的大桥。

拱桥方面，2009 年 4 月 30 日竣工的朝天门大桥和六年前竣工的上海卢浦大桥占据了这个领域世界排行榜的前两位；梁桥也是如此，重庆石板坡复线桥是世界上跨径最大的梁桥，虽然在桥梁领域，它的技术含量并非最高。

这是中国桥梁建设者的黄金时代。美中不足的是，在世界桥梁有关理论研究名单上，还没有中国人的名字。

香港
建成了通往新机场的三座大桥

青马大桥，1997 年
汲水门桥，1997 年
和汀九桥，1998 年

2000 年后国外大桥

希腊 Rion—Antirion 桥

大桥连接希腊大陆和伯罗奔尼撒半岛之间的科林斯海湾，桥位于漂离大陆地带，抗震安全成为大桥设计最主要的控制因素。大桥为五跨斜拉桥，墩梁之间设置五个固定阻尼器，当发生大地震时容许中间阻尼器破坏并消能，其余四个阻尼器将起到缓冲的作用以保护桥塔的安全。

法国 Millau 高架桥

大桥由法国通往西班牙，跨越 300 多米深的塔恩河谷的大桥，山谷中的最大阵风时速达 250 公里。线路要求 2.5 公里长的新桥将是一座在 3% 坡道上的曲线桥。桥共设七个桥墩，其中 2 号桥墩高达 245 米，加上桥面以上高 90 米的桥塔，总高达 343 米。

美国旧金山新海湾大桥

为自锚式悬索桥，这是为了和周围已有的几座悬索桥相协调。

漫长流程

大桥的合龙被默认为是建桥过程中最精彩的篇章。
同一位置，不同时间，拍摄的朝天门长江大桥合龙的过程。

大型桥梁建设有着漫长的周期，日本明石大桥用了三十年来构思和勘察设计，用了十年才完成施工。而意大利墨西拿海峡大桥从1950年正式提出计划方案起，已经有了六十年的研究，但还没有开工的迹象。

一般来说，长江大桥的建设首先由潜在的桥梁受益者提出桥梁建设项目建议书。

拍摄时间依次是：2007.07.27 2007.11.27 2007.12.07

中国民间力量无法完成如此巨大的工程，地方政府就成了第一推动者。长江大桥往往由地方政府提出项目建议书，目前的审批制度给了国家发改委很大的决策权，项目建议书批准后，地方政府紧接着会进行可行性研究。长江中下游大桥投资规模庞大，因此，这一报告需要由国务院批准，这是最终的决策。

这是一个较为漫长的阶段，大型桥梁可能要等待十年之久。地方政府常常是投资方，成立专门的大桥建设指挥机构，它是权力巨大的甲方，被称为业主。

拿到了最终的批准文件，业主就可以通过招标选择设计机构，来展开大桥的实施。这就进入了设计阶段，一般项目进行两个阶段设计，即初步设计和施工图设计。

在确定了最后的设计文件之后，大桥进入施工阶段。业主、监理、承包商会在设计范围内相互配合，完成大桥的建设。

交工验收往往会举行一个宏大的庆典，对于期盼天堑变通途的人们，对于那些付出心血的研究者和推动者，对于辛苦的建设者，举行一场庆典是一个很好的慰藉。

作为一个产品的大桥，交付使用只意味着进入试用期。在大桥运营两年后，才是最后的竣工验收，这时对大桥的投资收益、综合效益社、环境影响作出全面的评价。

2008.01.15

2008.05.04

2008.11.04 已合龙

建·词汇

桥的建设行业用语很独立，这些词汇依次记录了一座桥的到来。

最初看桥梁建设资料时，目光常常在那些专用词语上打结，理解力即时下降。再后来，知道那些词还是名称的作用，记下了，理解了，也就变得简单。

把建桥的一些专业词语用平常话表达出来，发现那些词语里有桥的秘密，记录着桥的到来。

水下超动作

直觉告诉我们，一座大桥要飞跃宽广的水面，首先需要有两座以上坚固的桥塔。当然，我们可以将桥塔理解为打入水下的柱子，这柱子是拉起桥面的力量之神。

这是我们观察大桥的起点，这也是大桥建设流程的起点。

在波涛汹涌的海底、在暗流涌动的河谷，如何竖起一座百年无恙的桥塔？而桥塔建设难度最大的地方，是在水下，即水下工程。

当长江大桥建设工地上，装着混凝土和钢筋的运输船来来往往，大江之上平静无物时，水下的动作却激烈而丰富。人们以旋转的钻头为武器，穿越流水、泥浆，许多根粗大的钢管中充满混凝土，被打进水下一百多米深的岩层成群站立，成为桥塔的基础。而此时江面之上，依然会空无一物，旁观者不能看出这水下面的天翻地覆。

水下施工。群桩在水下，上面是承台。

这是宏大的钢或混凝土结构建设，站立的钢管群面积有足球场那么大，它们在水下的高度接近于 50 层楼。如果可以越过混浊的江水清晰地透视，那将是怎样的雄壮场景。

这种建设水下基础的方法专业术语的名字为：“钻孔群桩”，尤其是在跨越千米的悬索桥和斜拉桥上使用最多。

水下基础施工较老的方法，突出一个“沉”，即“沉箱”和“沉井”。前者是提前制作一个巨大的钢或混凝土的箱体，然后用船舶拖运到并下沉到已经平整好的水下预定位置，然后浇筑混凝土，故称为“沉箱”。后者是制作一个无底的箱体，也下沉至预定位置，用大型机械从箱体内部挖掘泥沙，让箱体逐渐沉到水下的岩石上，然后在箱体内浇筑混凝土成为整体。

箱子有底称为“沉箱”，箱子无底称为“沉井”，一个“沉”字带着老派的沉闷，显示出年代的久远。

水泥腰带

如果把打入水下的一根根钢管桩简单地想象为筷子，一根单独站立的筷子是容

承台的作用很像是把一把筷子束起来，那些筷子就是水下的几十根管桩。
圆的是承台，方框里有人的身影。

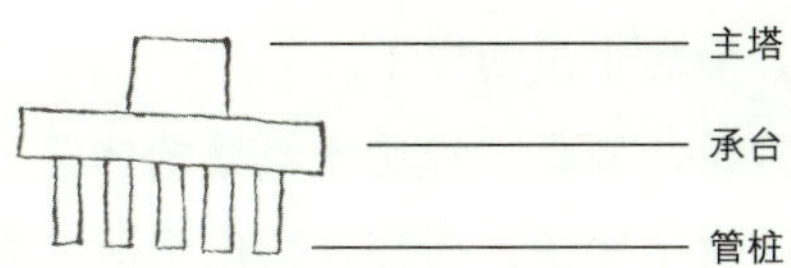

易被折断，我们需要将这一把筷子用一种什么方法捆起来，“承台”这时就出现了。

承台是钢管桩们的“腰带”，它用自己的身体将钢管集束起来以发挥最大作用。这个“腰带”是一个巨大的混凝土实体。它的面积有足球场那么大、6层楼高，相当于10万级吨巨轮的排水量。

它又常常是要提前做好的，要把一个巨大的钢箱准确地放在群桩上面，然后与水下的钢管桩浇筑成为一个整体。这就让实现变得艰难起来，成为施工的难点。

承台建起来后，江面上就出现了一个不小的平台，这时依然看不到桥的样子，只有一个巨大的混凝土物忽然出现在江面上，江上路过的人多看几眼，船们也会小惊一下，自此，江上那一方领土，是桥的地盘了。

承台类似一个托盘，建成后将会四平八稳托着一个异常宝贵的礼物。这个礼物

从水下工程开始，之后是承台，然后是高塔开始一点一点长高。

就是桥塔，那是大桥的“脊椎”，它将让桥挺立和存在。

塔的成长

行内人将桥塔简称为“塔”或“主塔”，爱意十足的样子。

站在数百米的塔底仰望，或者在塔顶俯瞰，都是一种让人震撼的体验。现代桥梁高大的桥塔往往吸引了人们太多的目光，对于建桥人而言，露出水面之后的主塔施工要比水底相对容易一些，至少一切都可以清楚地观察。

悬索桥和斜拉桥主塔的主要要求是尽可能的垂直，如果主塔有一点不垂直的地方，日积月累的巨大压力会压弯主塔，造成巨大的破坏。作为城市景观的大桥，也要求主塔有一个漂亮的外观。混凝土主塔并不容易实现这一点，而钢结构主塔似乎更有美感。迄今为止，美国和日本建设的长大悬索桥主塔都采用了钢塔，欧洲却有着不少的混凝土主塔。

中国虽然是目前世界第一钢铁生产和消费大国，中国大桥用钢结构作主塔的却很少，目前建成的只有 2005 年完工的南京长江三桥主塔的一部分采用了钢结构。

悬索桥一般需要两个主塔，在水流的两边。在承台上成长起来的主塔，现在普遍使用自动化程度较高的液压爬升模板系统。在模板准确无误的更叠之下，主塔几乎分毫不差地直线上升，保持着一种强大又健康的成长姿态。

锚碇施工现场。建桥的人将这个巨大的坑称为“锚坑”。

建成后的锚碇外形普通，看到后要回味一下才能接受这身形里藏了太多的内容。

属于悬索桥的锚

锚是那牵住船的手不让船离开的人，桥的百年站立需要精神和现实中的锚。

实际上，从桥有结构类型出发，多数桥梁具有强烈的自制精神，不需要锚，只有悬索桥需要锚，准确全称是“锚碇”。简单来说，其原理就是需要一个尽可能坚固、沉重的巨大的锚，用以固定悬索把桥面拉起来。

为此，需要挖一个相当大的坑，然后浇筑混凝土成为一个整体，然后在这个整体混凝土上固定缆索，系住桥面。

拉索拉杆的安装。

长索，出现在悬索桥上，在这个位置。

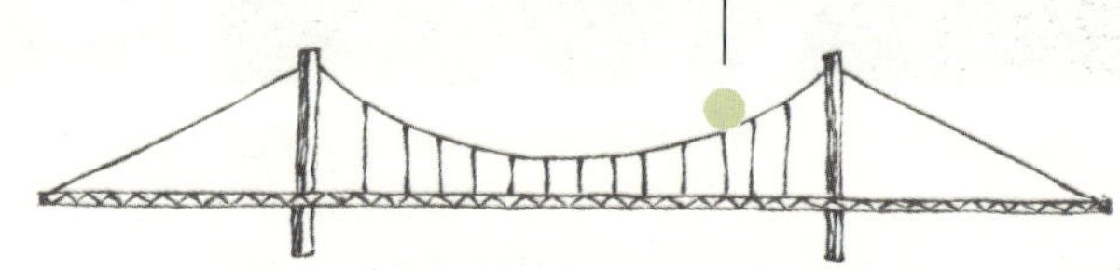

有的锚碇可以和岸边的岩石连成一体，借助岩石来共同拉住悬索；或者在山体上挖一个隧道，来固定缆索。但是，在松软的冲积平原上，只能靠锚碇巨大的重量来拉住悬索。

中国长江下游往往都是冲积土层或者并不坚实的岩土这样的地质条件，而这里恰恰需要建设大跨度桥梁。在这样的地质条件下建设锚碇，附近江河水流的压力会让挖出来的用以建设锚碇的巨大的坑，时时存在溃塌的危险，因此锚碇的施工成为这一区域悬索桥建设中的技术核心难点。

索的力道

古代吊桥曾经用藤作为缆索，桥那时属于纯天然绿色制造。

到了现代，毫无疑问，桥梁的缆索会以钢为主，现代悬索桥钢丝一般是直径,5毫米的镀锌钢丝。

一根一根直径 5 毫米的镀锌钢丝，平行地汇集成束，束合成缆。这个足够结实的、能够承担全部桥面重量以及最大车流量重量的绳索，就是主缆索。它从一个锚碇出发，从两个主塔顶端跨过，固定在另一个锚碇上。

拉索的外部和内部。

大跨度悬索桥的缆索总重一般在 2 万吨左右，汽车和缆索相比，就好像小飞虫在钢丝上行走。

主缆跨越主塔和水流，飞架两岸颇有难度。工人们会先牵引一个较轻的先导索，然后建设一个施工用的猫道，再逐步一点一点将钢丝束缆索输送过去。先导索跨过江过海也是一个颇费周折的事情，用船舶拖送、直升机牵引，中国沪汉蓉高速公路四渡河大桥甚至采用了发射小火箭来送先导索。

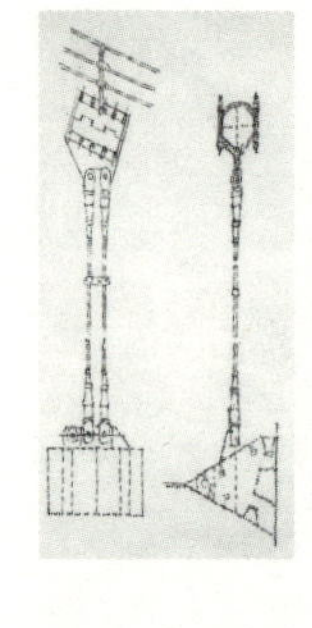

拉索是柔性的，吊杆是刚性的，在斜拉桥、悬索桥、甚至拱桥的这个位置。

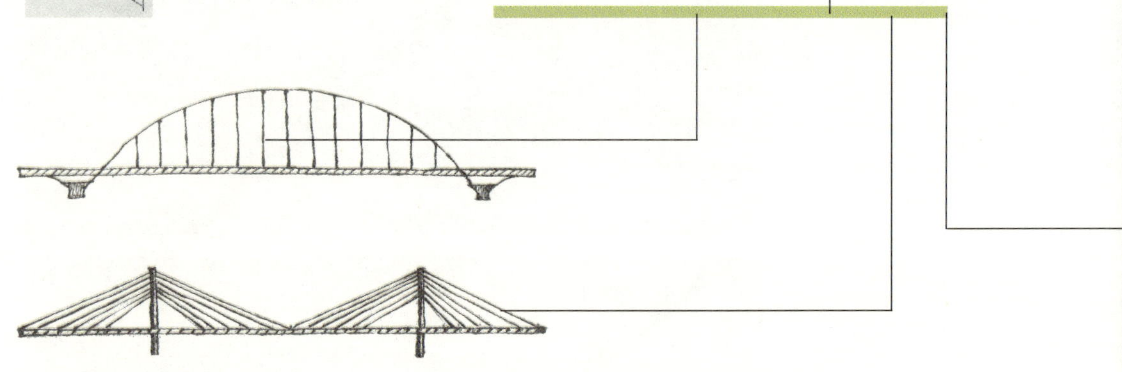

考核一个大型桥梁缆索有三个重要指标：钢丝强度、架缆方式、防腐处理。目前日本逐渐引领了大型缆索在这三个方面的技术进步。

缆索制作反映了一个国家金属材料技术的发展水平。2005 年以前，基本上是从国外进口，2008 年通车的苏通大桥使用了国产的拉索，中国人也掌握了这种高强度钢丝的制造技术。

腐蚀对缆索的伤害，就像皱纹之于女人，需要有一定的防护。目前，一般会在外边加上多层保护层。但是有的时候某些保护层发生化学反应后反而会加速腐蚀。防止衰老的办法是在钢丝束之间加鼓风设备，来使钢丝缆索保持干燥，能明显地减少腐蚀。1998 年，日本明石海峡大桥首次采用悬索桥主缆除湿系统，能够将主缆内部相对湿度控制在 40%以下。从润扬大桥开始，中国的长大悬索桥大多采用了这种技术。

拉索柔情

拉索是柔性的，吊杆是刚性的。阴柔结合，它们在斜拉桥、悬索桥、甚至拱桥上都有应用。连接大桥主要受力结构和梁，传递力量，它们是中介公司，但是比中

介公司心态单纯。

悬索桥本身就是一个柔性结构，因此较多采用拉索。拉索把梁悬挂在主缆上，互相平行。大型斜拉桥也基本上都采用拉索，从索塔顶部辐射引出或者从主塔平行引出，拉着梁。

梁和梁的拥抱

“梁＝桥面”，通俗却并不甚准确的公式，来自于过桥人的直感。

早期的梁有混凝土梁、钢桁梁等形式。今天，绝大多数悬索桥和斜拉桥都是采用钢箱梁，因为这种梁重量轻。国内大多数悬索桥的梁喜欢用扁平流线型的钢箱梁，这是沿着英国人对悬索桥梁的改进方向前进。

梁的制作已是工业化生产。首先是在工厂制作成较小的单元，然后运送到现场

空中箱梁组装现场

进行吊装。悬索桥吊装需要从正中间开始，依次向两边推进。斜拉桥却是从主塔附近开始，向两边延伸，主跨则是从两边逐渐合龙。

这个时候，成为尖峰时刻。

1997 年，丹麦人将 110 米长、最大重量达 6500 吨的钢箱梁拼接在一起，2000 年，丹麦人和瑞典人联合将重 8700 吨、140 米长的钢桁架梁一次吊运安装就位。

在江面或者海面上对梁进行吊装，梁仅靠一个支点在水平方向前延伸，这是一个不稳定的安装过程，这个现实版的拼装游戏一点也不好玩，水面的风可能会轻松地将一切破坏直至毁坏。因此，悬臂施工一直是斜拉桥的最大威胁。

梁和梁的拥抱，直至形成桥面，看似幸福的事件后面暗藏危险。

箱梁在预制场生产。

浮吊船水上吊起箱梁。

桥上箱梁拼装。

桥的护肤

人们在感叹大型桥梁的壮观之外，那些有色彩的桥更易得到赞美。

看上去很美，表层有色彩的大桥采用了恰当的涂装，并不仅仅是为了美观，而是为了更好地防护以钢和混凝土为主材的大桥主体结构忍受细微但长期的腐蚀，特别是靠近海洋的大桥不得不与腐蚀进行长期的斗争。

美国金门大桥建成二十七年后，开始采用涂装以应对已经产生的腐蚀，这一涂装竟然用了二十八年时间。日本一些桥梁的涂装周期在十年以上。涂层保护的维修养护费用高昂，长大桥梁一些部位的重新涂装还有着难度。

箱梁的组装过程最直观地展示出了一座桥的“成长”。

事实足以证明，美是需要时间和成本的，化不化妆考验着女人们的耐心和钱包，对于桥，也一样。

人们想了另一种办法，就是尽可能主动地减少涂装面积，多采用混凝土结构，要比钢结构更容易实现这一点。如中国长大桥梁中大量的混凝土主体结构，桥面临的腐蚀威胁要小一些。

在一些跨海桥梁中，工程师们采用新型的更加耐腐蚀的混凝土。丹麦人往一座桥的混凝土里预埋了四百多个锈蚀传感器。中国人在修建杭州湾跨海大桥时，加大混凝土的密度，以减少海水的氯离子侵入混凝土。

为了防腐，大型排气扇“闪亮”登场，持续地向箱梁内输送空气。这种方法日本人爱用。

防震防撞

在通航密集的地方，大桥需要充分考虑可能发生的轮船撞击桥墩的危险。现代桥梁一般通过严密的监控系统、利用自动控制导航系统主动防止船舶撞击桥墩，同时也在主跨桥墩周边准备一圈消震设施。中国苏通大桥主墩可以防止 5 万吨级的轮

工人们在喷涂防腐材料。

先是防腐涂料，如果是钢箱梁一定要有这一道工序。
然后，是 10 厘米厚的沥青。

船撞击。

人们在建设大型桥梁中付出了更多的心血，因此大桥相对于一些普通建筑有着更好的抗震能力。1989 年，美国旧金山大地震并没有对附近金门大桥造成伤害；1995 年，日本兵库县大地震也没有对建设中的明石大桥产生影响。

防撞设施从制造地运到江边，通过轨道滑进水里。

在运输船的拖拉下到达桥墩的位置，此时桥墩还没有出水。放过防撞设施后桥墩继续施工。

建成桥墩外围套着红色的防撞设施。

NO7

NO7. 未来

未来，跨度，数量，美丽，大海

跨度竞赛

是巧合也是必然，中国创造跨度世界纪录的桥都出现在长江上。

凡有人出现的地方，各种形式的竞赛便无处不在。能从单细胞体一点一点进化为人类，几百万年里竞赛是其中的有力推手，到后来就成为人的本性之一。

建筑方面的竞争从很早之前就开始了，最初以皇家的建筑为主体，比如皇族的住宅、皇家的寺庙。近代之后，建筑的竞争主要集中于公共建筑上，具有建设难度，又常常成为区域建筑荣耀的桥，是近三百年建筑界竞争的场所之一。

跑道上，竞争的红线是一个“最”字，最长的桥、最高的桥、最大跨径的桥……桥梁的本义就是跨越，长度是主要指标，但是跨径更有证明力，更能代表技术、资金的实力，最大跨径被认为是桥梁建设竞赛中含金量最高的，多年来是业界的追逐目标。

习惯上将桥梁分成拱桥、梁桥、悬索桥和斜拉桥，桥的跨度竞赛按桥的这四种分类进行。

今天在野外遇小溪、小河，小孩子也能想到用木头搭在两岸以便通过，这就是最简单的梁桥，一种源于人的本能产生的桥梁形式。由此可以推测，先人们最早修建的应该是梁桥。当以石质和木质为主要材料时，梁桥的跨径注定是小的。

让梁桥得以实现较大跨径首先得感谢铸铁的到来。较大跨径梁桥的建造是在铸铁应用于桥梁建设之后才得以实现的。1890 年竣工的福斯桥，主跨径 512 米。1917 年，跨径 549 米的魁北克桥建成。但是专家不认为它们是真正意义上的梁桥，尽管壮观而优雅，它们还是消耗了大量钢铁的桁架桥。

真正属于梁桥的跨径竞争在三十九年后才得以真正开始，那时“二战”结束，物资再次实现了积累，桥这种物资，因为需要大量费用多在和平时期才有大量“生成”。

这是大背景，核心的仍然是技术和材质，一种专业上称之为“正交异性桥面板”技术的到来，使得建造大跨径钢箱梁桥成为可能。1956 年建造在塞尔维亚的贝尔格莱德市的跨径 261 米的萨瓦河一号桥，是首座大跨径钢箱梁桥。今天依然保持钢箱梁桥跨径世界纪录的是巴西建造的锐欧 · 尼泰罗伊桥，跨径是一个完整的三位数：300 米。这座保持世界纪录的桥，建成于 1974 年。

预应力混凝土和悬臂施工技术进入后，混凝土箱梁桥的建造变成了可能。日本对此类桥深为钟爱，上个世纪中期建造了许多大跨径的混凝土箱梁桥，跨径达到了 241 米。1997 年后，当跨径 270 米的虎门大桥辅助航道桥通车后，胜利的旗帜插在

对建桥的人来说，建一座跨度最长的桥是一份荣耀。

长江上的大桥拥有多个世界之最。

中国。之后世界上跨径最大的箱梁桥出现在长江上，这就是中国重庆的石板坡长江大桥复线桥，主跨径 330 米。

回顾拱桥的历史，可以很是得意一下，因为我们有赵州桥。

建于公元 600 年中国隋朝的安济桥，我们一般称其小名为“赵州桥”，出现在冀中平原一条现在已半干的河上，四周风景单一，几棵柳树一座石桥，显得桥寻常。这个看似寻常的桥，没有坚持之前它的同类们所遵从的半圆形，而是拱矢只有 7 米，跨度却达到 37 米。十二个世纪后，尽管铸铁再一次发挥核心作用，英国柯尔布鲁克代尔的塞文河上建成的铁拱桥的跨度才是 30.5 米。

早期铁拱桥和一个名字连在了一起，古斯塔夫 · 埃菲尔，法国巴黎埃菲尔铁塔创造者，他在葡萄牙建造的主跨 160 米的 Pia Maria 大桥，1884 年，他在法国建造了自己的最后一座大桥——165 米跨度的 Garabit Viaduct 大桥。

钢材的到来让 19 世纪中期的拱桥跨径之争竞争激烈。古斯塔夫 · 林登塔尔的助手奥特玛 · 安曼设计建设的纽约的巴约娜大桥和悉尼铁桥展开竞争，巴约娜桥开工晚了，但是安曼拼命努力，终于让自己的桥比悉尼铁桥早竣工，而且跨度超过了悉尼铁桥。

超级过了多少？ 0.6 米，成年人一步的距离。悉尼大桥跨径 503 米，巴约娜大桥跨径 503.6 米，安曼让自己赢了。

安曼可以欣慰的是，尽管只有 0.6 米的胜出，历史却让他四十七年保持这一世界纪录。1978 年，更大跨径的新河峡大桥在美国西弗吉尼亚建成，跨径达到 518.3 米。在桥梁设计的圈子里，安曼的故事是激励设计者投入跨径竞争的有力励志篇。

2009 年 5 月，朝天门大桥建成通车，这座以红色为基调的钢拱桥主跨径达到了 552 米。在拱桥跨径的竞争中，世界纪录再一次出现在长江上。

斜拉桥是个桥梁中的后来者，1955 年，世界公认的第一座现代斜拉桥瑞典的斯特罗姆松德桥建成，主跨 183 米。之后，德国成为此类桥建设先锋队。1994 年，中国的杨浦大桥将世界纪录增加到 602 米。短短一年后，在法国建成的诺曼底大桥达到 856 米。2000 年，日本建成了跨度 890 米的多多罗大桥。

而世界第一跨径的斜拉桥，依然出现在长江之上，主跨 1088 米的苏通大桥于 2008 年 5 月通车，目前看来，还没有超过它的建设消息。

如果看过电影《勇渡大渡河》，理解悬索桥就能很容易。铁链桥是现代悬索桥的雏形，悬索桥很怕风，抗风性能直到 20 世纪才得以很好地解决。1931 年，乔治 · 华盛顿大桥让悬索桥主跨跨径首先打破 1000 米大关。

美国这时终于有了优势，在一段很长的时间里，悬索桥世界纪录一直由美国保持。直到 1981 年英国的跨径 1470 米的亨伯桥建成。目前，最大跨径的悬索桥是 1998 年建成的跨径 1991 米的日本明石海峡大桥。

悬索桥目前是桥梁建设里最有看点的竞赛场，主跨 3300 米的意大利墨西拿海峡大桥正在施工中，一座横跨直布罗陀海峡双跨 5000 米悬索桥方案已经提出……

在四大桥梁跨径的竞赛中，到 2009 年，中国保持了其中三项的世界纪录：箱梁桥最大跨径世界纪录——石板坡长江大桥复线桥，330 米；拱桥最大跨径世界纪录——朝天门大桥，552 米；斜拉桥最大跨径世界纪录——苏通大桥，1088 米。只有世界最大跨径悬索桥的纪录没有收入囊中。

是巧合也是必然，中国创造跨度世界纪录的桥都出现在长江上。

几乎无法阻止这样的竞争，长江给了中国一个地利，中国经济的实力给了一个天时，然后是人的力量，结果是长江和中国一起，享受到了在世界桥梁建设史上少见的荣誉。

来自体育和商业的世界纪录正在被越来越快地打破，第一的概念在这个星球上一半是此刻正在拥有，一半是此刻正在失去，用巨大的人力和物力打造的桥梁跨径世界纪录，是否真的物有所值？

够用就快乐——当这个星球上太多的人开始崇尚乐活时，这一生活的方式是否也能引入桥的建设中？

最多的、最大的，本性会让我们去对此追逐不止，但是“最好的”的概念才是珍贵的。什么是最好的？适合的、高质量的、物有所值的、不浪费的。在准备买一件衬衫时如此，在准备修一座桥时一样的道理。

当然，得允许有五位数的奢侈衬衫存在，也就接受桥的竞争。只不过，当我们已有了几件奢侈品后，就不要再过于追逐，渐回归平常心，是好。

关于数量

**长江大桥的“大干快上”带来的桥梁数量的攀升，
很容易引人关注，带来抱怨和指责。**

到2020年，长江上平均不到30公里就会有一座跨江桥——这是一位桥梁设计专家根据内部消息得出的数字。因为到2020年，长江上可能已建和在建的桥将达到124座，长江干流不足三千公里，以此作为被除数得出来如此的结果。

长江上是否建桥太多就已引来热议，各方面都认为长江上建桥太多。

如果回想到1957年武汉长江大桥建成通车，长江上才有了第一座跨江大桥，直到1995年，长江上总计才只有八座大桥，这反对到来得就太自然了。1995年后的这十多年，长江上的新建桥梁的数量用上“井喷”这个词是合适的，长江已成为这个世界上拥有桥梁数量最多、密度最高的河流。

反对的声音主要以影响“黄金水道”的畅通为依据。长江的航运不仅仅对长江流域的城市举足轻重，对国民经济的发展亦是，以至于被称为“黄金水道”。

优质的航运在于船舶的大吨位。目前航行日本的船大多在5000吨以上，航行东南亚的多在7000吨以上，航行欧美的则在万吨以上。

长江航运绝对有大吨位的愿望，早在上个世纪80年代就有了，芜湖、安庆、九江、黄石、武汉等沿江城市耗资几十亿建成数十座5000吨级外贸码头和集装箱码头。进入21世纪的第一个年头，统计数据显示进入长江的国际航行船舶已超过一万

壮观的大桥建设场景，时时出现在长江之上。

老桥让长江这一“黄金水道”出现“铁锁锁江”，影响航道。

艘次，但99%的国外大吨位级船舶均在南京以下港口停靠。原因在于长江上桥的净空高度、通航桥孔宽度挡住了大船。

大家当然不希望“黄金水道”上都是小不点的船只，即使长江总运量已是世界第一，这也让那荣耀带着点晦暗。所以，以此为论据说长江上桥太多，很能打动人心，支持率全线蹿红。

支持建桥的声音几乎听不到，只是有专家暗暗蹦出一句，大船到南京就停止了，那是因为被南京长江大桥挡住了，而南京长江大桥是长江上的第二座桥，出生于五十年前，很和这个十年没有关系。专家又说，这十年建起的桥，还真都考虑了通航标准，都有预留，影响航运的都是老桥。那几座上个世纪中期建设的老桥净空高度普遍只有24米左右，桥梁最大跨度不过200米，造成超过3000吨位以上及大货架集装箱外国船舶无法通行，被拦截在长江以外。

长江上的桥影响航运，称为“铁锁锁江”，但那些“锁”并不是这十多年所建的新桥，而是早些年所建的旧桥，解决方案应是对阻碍航运的大桥进行改造。

认为长江上建桥太多的另一个理由是密度大造成了浪费。建一座特大桥梁投资少则十亿元，多则几十亿元。一边是高投资，一边是一些桥梁出现了建成后利用率不高的现象。以武汉地区的几座桥为例，通车没几年的黄石长江大桥和它上游40公里处的鄂黄长江大桥日均最高通车量不到预期的一半，设计日通车能力分别为5万和10万辆的武汉白沙洲和军山长江大桥，情况相似。

但是如果站在长江流域的概念上去分析，中国有分量的城市，那么集中地出现在了长江边上，特别是长三角地区，这是中国经济增长以至世界经济增长最快的地区，经济的增长在这个人口大国自然带来的是人口的高密集度。

经济高增长区，人口高密度区，这是建桥的背景，这里面有着强烈的需求。一是所在地政府有钱，市场资金也愿意投入。需求加上资金投入产生产品，只不过这个产品庞大且只出品一个，那就是桥。

再者，在长江上建桥，明里暗里地作为所在城市的一个形象工程，这是大桥的特性，大桥往往成为城市的地标建筑，国内外一致，不能回避。长江上的特大桥梁，本来就是一个城市，也是这个国家综合国力、科技进步和现代文明的一个标志。

以长江大桥相距50公里为计算标准，三座桥间少一座桥，那么处于这一区域的车辆在过江时，大致的绕行距离是100公里，以目前的长江三角洲地区的交通情况看，至少约需时一个小时以上，也就是说，一辆从江北到江南的车辆，为此将多付出一个多小时的时间，在效率很高的区域，这是很让人反感的时间成本。

至于许多车辆绕行旧桥不走新桥，新桥的流量上不来，则主要缘于过桥费。假如调低收费，再看看流量。经济杠杆在建桥时起作用，在用桥时也会起作用。

毛泽东在上世纪50年代望着浩瀚的长江感叹说："修三十座大桥，长江就会换新颜。"那是站在当年的经济规模上的预测，今非昔比，未来还在持续发展，而短期周边环境形成后，车辆流量也必然增长。

长江大桥的"大干快上"带来的桥梁数量的攀升，很容易引人关注，带来抱怨和指责，与此同时，赞成多建桥的声音几近没有，好像形成了定论——长江上桥太多。

长江上的桥是否太多？应该不是简单的数字判断，而应是综合分析后的结论。所有重要事件的决定，最可怕的是情绪，最可贵的是理性，到了桥这里，依旧是。

与其抱怨，不如具体考虑：这一座桥是否应该建？建在什么地方最好？以什么样的标准建、选用什么样的新技术……

长江大桥的建设，依然是一种辩证和统一，说"多"是提示和建议，提议和建议的最好结果是规则的确立。

长江大桥还会建，就如同滔滔江水向东流一样必然，而我们需要的，也正如承载着江水的河道一样，有更好的建设规则和标准，这将给大桥、给长江、给生活在沿岸的人们带来共同的美好和幸福。

桥的美感

本时代桥梁的流行方向：和谐和简约。

到达时天气不好，在那样的一个阴天里，拥有世界斜拉桥最大跨径世界纪录的苏通大桥，即使用200的长焦镜头拉过来，清楚的也只有引桥那一部分，取景框里，引桥平淡得如一个邻家女子。

几个小时后见到苏通大桥的指挥长，开口就问：为什么桥没有颜色？多不好看……

后来我才知道，这是个多么愚蠢的问题。给桥涂上颜色并不是好主意，这个手法本身很土，即使使用了涂料，风吹雨淋会掉色，反而难看。

一个快要退休的老工程师告诉我，对桥来说，上色建设时增加成本，使用中还常常得重新粉刷，这又是成本，实践证明，保持混凝土的本色是最好的选择，省钱省力，越久越有味道。

我这才知道，要想成为金门大桥那样以色彩为形象特征的桥中尤物，其实是一件很麻烦的事，这也是绝大多数桥梁不选择色彩而保持本色的原因。

放弃色彩后，桥之美就得主要依靠造型来实现，或者更具体一些，得靠线条来实现了。

对于桥的设计，中文的教科书里说，要遵从实用、经济、美观的原则。国外对桥梁设计强调“3E”，即功效（Efficiency）、经济（Economy）和优美（Elegance）三

霞光中的桥，沟通之美。

要素。两者之间出奇的一致，是翻译使然还是认知的相同？可以确定的是，桥梁之审美被提高到了和桥的实用价值相同的层面。现在，在一座桥的方案审定中，为了优美可以淡化经济实用的要素，宁可付出更多的金钱造一座好看的桥，已不算是奢侈了。

桥和别的建筑不同，这是一个太容易成为标志性建筑、能深刻进入人的大脑、代表地区和城市形象的建筑。日本著名桥梁学者伊藤学教授在他的《桥梁造型》一书中认为，桥能满足人们到达彼岸的心理愿望，同时也是使人印象深刻的标志性建筑，并且常常成为审美的对象和文化遗产。

放下这很感性的话语回到现实里，悉尼铁桥、金门大桥几乎是每个到来的旅行者必选的旅游之地。美国国家工程院院士、著名桥梁专家邓文中分析过桥梁的成本和收益，桥梁的收益来自于功能价值、美学价值和品牌价值几个方面。功能价值是在桥梁的运营过程中节约时间和能源等方面的总和，而后两者与桥梁的审美有直接的关系。当然，一座美感低的桥要成为标志性建筑，吸引参观者，树立形象和施工的品牌都是困难的。在我们这个年代，人们过于追求形式大于内容，或者说形式更方便第一时间吸引眼球。

江上雾霭中若隐右现的桥，延伸向未知而美好的前方。

细数历史，会发现在远古的年代，人们也在犯同样的毛病。罗马帝国时期，桥梁的壮观性是最为重要的，为此罗马人更喜欢拱桥，他们将拱桥建成半圆形拱，尽管这样跨径很小，但是看起来雄壮。他们还在桥的两端修建巨大的桥门，是让桥更气派和威严。这一手法后来流行于欧洲，伦敦塔桥是最有名的桥门建筑。直到上个世纪中期，这种具有虚张声势的方法，许多桥仍在用。

中国桥的美一半是桥形，一半是古代中国独特的装饰性，早期的拱桥以石刻为主，兽、狮和莲花、浮云是主要雕刻图案。建于公元1192年的卢沟桥的出名，得感谢桥上那485个石狮子。在南方，桥的美表现在与楼、亭、殿的一体建设，小桥流水、亭台楼阁是标准中国水墨画的意境，这样的民族特色足以打动世界。

拱桥是自然健壮的美、梁桥是质朴和阳光的美，钢桁梁桥儒雅精致得如用三代培养出来的贵族，斜拉桥和悬索桥的气质与时尚青年完全相同，线条感清晰，流行元素明确，都很能跟得上潮流。

有一个20世纪世界桥梁的选美，冠军是瑞士工程师R.Maillart于1930年设计的Salginatobel桥；这座跨谷的镰刀形上承式拱桥令建筑师们很动情："在桥上漫步是一种真正的精神上的享受。你和高山、白云、蓝天那么靠近，它构成了阿尔卑斯山的一幅

那些线条在桥面构成的抽象画面。

美妙的风景画”、“该桥所有部分都恰到好处，无可挑剔”，“这是真正的艺术和桥梁结合的精品”。美国旧金山的金门大桥（1937 年）名列第二，“它造型优美，比例协调，是桥梁工程的一颗明珠，以至于本世纪的设计师们已无法超越了”，它也是瑞士工程师设计的。法国工程师 J.Muller 设计的 Brotonne 桥（1974 年）位居第三，它得到的评语是：“尽管世界上有那么多美丽的斜拉桥，但这座跨度仅 320 米的单索面混凝土斜拉桥以其简洁、明快、协调的造型和刚柔相济的风范得到了一致的赞赏。”

十五座 20 世纪最美的桥的设计者的国籍是：瑞士四人，德国四人，法国三人，英国二人，日本一人和丹麦一人。由此可见，中国在桥梁美学方面还需要学习和进步。

国内桥梁建设中存在的长官喜好决定方案、匆忙上马、苦赶工期等对桥梁美均有损害。另外，把工程技术人员作为建筑设计师，是国内桥梁界的习惯行为。这一点，对桥梁之美伤害尤大。等待一座技术和艺术紧密结合的桥，首先要等待的是工程技术人员和建筑设计师的共同工作。

还好，属于我们的历史还能让我们找到自信。1991 年被授予“国际土木工程里程碑”荣誉称号，与伦敦塔桥、巴黎埃菲尔铁塔并列为世界建筑史上三大杰作之一的赵州桥，结构如此合乎逻辑，外形如此美丽，美国的建筑专家说，它使大部分西方古桥在对照之下显得笨重和不明确。

而缺少美学处理，给人以笨拙、呆板和粗糙的感觉，却是现代中国桥梁常犯的毛病。

过往的专著说，美的最重要属性是三个统一性，即感性和理性的统一或感觉和意识的统一；客观和主观的统一或人和自然的协调统一；形式和内容的统一，这里面有“天人合一”的老道理及造型和功能相一致的基本理念。另外，也指刚柔、动静、阴阳、虚实的统一。简单地理解，则是美无规则，桥要建得让人看了有感觉，用文艺语言说，就是要有生命感、崇敬感、魅力感、惊奇感……用通俗的话表达，就是桥要让人看着舒服，有味道。

“桥是跨越障碍的通道。”这是美国最权威的《韦氏大词典》对桥梁一词所下的最简短的定义。这才是桥的要义。总体上看，桥走过童年后一直处于装饰下降之中，几千年前工匠们可以用上数月乃至更长的时光在石头上为桥雕满花鸟，建起桥头堡；上个世纪末，则流行在桥头放个金属的雕塑；到了现在，这些全免了。从繁复到简约，桥如服饰，开始流行不装饰的美，不要额外的附加，桥门、雕塑那些刻意的部分消失，几乎完全追求由桥的造型而来的简单美。

如果拟人化地表达：你率真地、庄严地、纯粹地站着——在这个简约时代，桥也归于简约和平静了。

本时代桥梁美的流行方向：和谐和简约。

面向大海

由西而东，一江春水向东流，长江水穿越长江上一座座桥梁直奔东海，也将中国未来的桥梁建设引向了大海。

跨海大桥比摩天大楼出现得晚，二者中，后者是个奢侈品，带着浓郁的欲望和任性的气息，而前者跨海大桥，当它富有线条感的身躯在碧海上缓缓舒展，连接内陆和岛屿，或者沿着海岸线勾勒两点，实用的本质和蕴含的能量，让跨海大桥更能得到来自民间和政府的人心。

投资巨大也是跨海大桥的建设特点，这让跨海大桥成为交通领域的奢侈品。在经济拥有实力后，中国可以有想法了。

交通部已经制定的“五纵七横”国道主干线规划中，南北方向的北京—珠海和同江—三亚以及东西方向的连云港—霍尔果斯和上海—成都建造跨海大桥，政府希望全部工程在2020年前完成。这个规划给予中国桥梁建设一个巨大的出口，那就是：面向大海。

从黑龙江省同江市到海南省三亚市的同三线上，将有五座跨海工程由北向南依次跨越渤海海峡、长江口、杭州湾、珠江口的零丁洋以及琼州海峡。在这个连贯南北的巨大画面中，跨海大桥工程会是其中最为宏伟，也是最为艰巨的。不再是天堑长江，在更为广阔的碧海蓝天之下，跨海大桥的建设展开了中国桥梁界的博弈。

长江大桥的建设可称为艰巨，跨海大桥的建设应该是十分艰难。

航拍中跨海大桥的身形，精致的细腻。

建设过程中那些雄壮的片刻。

跨海大桥常用于连接内陆和海岛，或者连接岛屿和岛屿，来自于距离、海水、台风和海潮等方面的不利因素常常与之相伴。就像琼州海峡，海峡间最短距离约20公里，最大水深102米，平均水深约60米，是强台风、强地震和高潮涌经常发生的地区，十分恶劣的自然条件让琼州海峡跨海工程成为中国最艰难的跨海工程之一。

跨海大桥的建设难度之所以高过江河大桥，主要原因在于建桥所面对的自然环境不同，海洋的地质、水文、气候等明显恶劣于江河，这让跨海大桥从提案开始，就必须慎重考虑自然因素，因自然因素的不同让跨海大桥的基础理论也与江河大桥不同，跨海大桥的设计、选材、施工、维护也随之调整。从一定意义上说，跨海大桥和江河大桥不属于同一层面。

在海滩上呆过几个小时，皮肤首先就会知道大海的威力。看上去很美的海水、阳光和感觉很舒服的海风组合起来形成力量，威力巨大，腐蚀就是其中重要的一项。

厦门集美跨海大桥的白天、夜晚。

跨海大桥要在海洋环境下考虑混凝土结构和其他材料的耐久性，在防腐蚀方面有着更高的要求。目前对跨海大桥要求有百年的耐久性。在杭州湾跨海大桥设计中，设计方明确提出了设计使用寿命大于等于百年的耐久性要求，这在国内是第一次。

而跨海大桥的建设，用并不准确却很形象的话说，江河大桥是在“地”上建桥，而跨海大桥是在“水”上建桥。跨海大桥的一些重要节点往往在外海，距离基地比较远，那么跨海大桥就要尽可能多使用预制件，尽可能多地减少现场施工量，工业化建设将成为跨海大桥的特点。

将预制件从陆地运到外海的跨海大桥建设地点，这样一个看似简单的工作对跨海大桥来说并非简单，且意义不同。预制件重量很重以至于常常被称为大吨位，长度很大以至达到 70 米，像混凝土箱梁这样的大预制件什么时间运、如何运成为跨海大桥建设中专门的研究课题，杭州湾大桥建设中，运输配套服务是多项技术创新的关键点。

2007 年，以舟山连岛西堠门跨海大桥为依托的“跨海特大跨径钢箱梁悬索桥关键技术研究及工程示范”项目五个课题列入国家科技支撑计划。能够列入国家科技支撑计划，常常会有两方面的背景，一是此项研究因具有深远意义而被看重，一是此项技术具有真正的难度。

此时有了一个明显的对比，在此之前，国家科技支撑计划中已经立项的桥梁技术项目只有“苏通大桥建设关键技术研究”一项。当桥梁在大海里向前延伸时，立项由一个变成了五个。

当大桥建设在世界范围内进入熊市时，基础建设仍然处在上升期的中国，大桥建设还能看到红色的上升曲线，到了跨海大桥这里，更有全线飘红之势。

中国已建成了一些世界顶级水平的跨海大桥，东海大桥、杭州湾大桥、舟山跨海大桥、青岛海湾大桥，已开通运营。从规模、技术、施工管理来看，它们堪称世界顶极桥梁。

另外还有一批世界顶级水平的跨海大桥即将开工，其中最著名的就是港珠澳大桥，投资超过 700 亿元，计划于 2016 年前后建成。而交通界对一些跨海大桥概念的讨论也逐渐升温，如跨台湾海峡大桥、连接胶东半岛和山东半岛的跨海大桥。

航拍的跨海大桥有直击人心的壮丽和优美，大海的碧蓝底色上，桥是唯一的人工物品，长达几十公里的距离让这个物品不仅曲线感强烈，而且精致细腻。这样让人敬畏又爱怜的跨海大桥，面临的困窘常常是一个“钱”字。

跨海大桥规模大、投资大，例如杭州湾大桥投资超过 120 亿元，舟山连岛工程五座跨海大桥预计投资也达到这个数字，港珠澳大桥投资将超过700亿元。如此大规模的投资需要更加多元和多样的投融资方式。还好，解决方案已有，杭州湾大桥引入社会资本，港珠澳大桥是三地共同投资。

在中国经济的有利背景之下，当钱的到来有了很好的方式后，中国跨海大桥的建设必将提速。

海子在诗里说："面向大海，春暖花开……"无意间，这也成为对中国跨海大桥建设的描绘。

从长江到大海，中国大桥正缓步移位，向着蔚蓝前行。

图书在版编目（CIP）数据

长江 · 桥 / 杜胜熙，赵妮娜，米金生著；李斌斌绘.
— 北京：生活 · 读书 · 新知三联书店，2013.5

ISBN 978-7-108-03639-1

Ⅰ. ①长… Ⅱ. ①杜… ②赵… ③米… ④李… Ⅲ.
①桥－中国－普及读物 Ⅳ. ① U44-49

中国版本图书馆 CIP 数据核字 (2010) 第 253665 号

责任编辑　张　荷
装帧设计　蔡立国
责任印制　郝德华
出版发行　生活 · 讀書 · 新知　三联书店
　　　　　（北京市东城区美术馆东街 22 号）
邮　　编　100010
经　　销　新华书店
印　　刷　北京昊天国彩印刷有限公司
版　　次　2013 年 5 月北京第 1 版
　　　　　2013 年 5 月北京第 1 次印刷
开　　本　720 毫米 ×966 毫米　1/16　印张 17
字　　数　100 千字 图 400 幅
印　　数　0,001 – 8,000 册
定　　价　58.00 元